運は創るもの

私の履歴書

似鳥昭雄
ニトリホールディングス社長

日本経済新聞出版社

はじめに

ニトリホールディングス（ＨＤ）はおかげさまで２０１５年２月期の決算で28期連続の増収増益を達成することができた。円安や消費増税、人手不足などニトリにとって逆風ばかり。不安だらけの年度初めだったが、原料調達から商品開発まで、あらゆる改善で何とか乗り切った。

ニトリは１９７２年に１００店・売上高１０００億円という30年計画を作り、２００３年に１年遅れで達成。13年には３００店を達成し、今は３０００店・３兆円という次の30年計画へ向けて動いている。「成功の秘訣は何ですか」とよく聞かれるが、ロマンとビジョンを掲げ、「他社より５年先をゆく」経営を進めてきた結果だと自負している。

こう話すと頭脳明晰《めいせき》な経営者のイメージを与えるかもしれないが、実は逆。飲み込みが悪く、子供の頃はすさまじい劣等生だった。少なくとも20代半ばまではビジョンとは一切無縁の男だった。数年前、小学校4年生まで通った幌北小学校（札幌市）の担任だった熊坂昌子《よしこ》先生のご家族からこんな趣旨の手紙をもらった。

「私はニトリ社長の小学校時代の担任をしていた女性の孫です。祖母がよくこんな話をしていました。クラスで1人だけ漢字で名前を書けないのは似鳥君だけで、教えても教えても覚えられず、結局ひらがなで書いていました。あの似鳥さんが北海道で成功している。何でなんだろう。そのいきさつが聞きたいとよく話していました」

熊坂先生は店には何度か連絡したが、こちらのミスでつながらなかったらしい。結局熊坂先生は数年前に亡くなってしまった。自分の名前を漢字で書けなかったことはすっかり忘れていたが、勉強がからっきしできなかったのは事実。もっと早く知っていれば、お会いできたのに残念でならない。お孫さんにはお礼のために直接お会いした。

劣等生だった私がなぜ成功できたのか。今回の履歴書では半生を振り返り、熊坂先生の疑問に答えていきたい。今も飲み過ぎるし、遊び好き。だらしない性格も変わっていない。逆に何もできないから、色々な人の力を借りながら成功できたと思う。家内からは「あなたは人が普通にできることはできないけど、人がやらないことはやるわね」とからかわれる。

ニトリの1号店が開業したのは1967年（昭和42年）。当時は極度のあがり症でうまく接客ができない。ところが嫁入りした家内の百百代《ももよ》が販売上手で、私は仕入れや物流などの仕事に専念できた。もし私が販売上手だったら、街の人気店で終わっていたかもしれない。「短所あるを喜び、長所なきを悲しめ」は私の好きな言葉だ。

それから人生の師匠である、チェーンストア理論の日本での普及に多大な貢献をした渥美俊一先生に出会えたこと。先生の考え方が「人生をかけるに値する」と信じ、忠実に経営に生かした。賢くないので、あれこれとリスクは考えずに突っ走ることができた。幼少期、青年期はいじめにも遭ったが、忘れっぽい性格も事業には向いていたかもしれない。七転八倒の人生で、今では信じられないような「悪さ」もやらかした。人並みのことができない問題児の若気の至りと受け止めていただければ、幸いである。

書籍化に当たってタイトルを「運は創るもの」とした。仕事で失敗したり、思うような結果を出せなかったりすると、人は「私は運が悪い」と考えがちだ。確かに運も大きい。私自身、ここまでニトリを成長させることができたのは80％が運だと思っている。だがそれは偶然の産物ではない。「運は、それまでの人間付き合い、失敗や挫折、リスクが大きい事業への挑戦など、深くて、長く、厳しい経験から醸成される」というものでもある。出版に際して、日本経済新聞での連載では入りきれなかったエピソード、後に思い出した秘話などを盛り込んだ。読んでいただき、読者の皆様に元気を与えることができたらこれに勝る喜びはない。

似鳥昭雄

目次

第2章　歌手になろうとした青年時代

第3章 何をやってもうまくいかない

第4章 日本に「豊かな生活」を実現したい

第5章 師匠の教えを指針に

第6章 試練は終わらない

第7章 ロマンとビジョン、愛嬌と度胸

第1章

勉強嫌いの落ちこぼれ

樺太生まれ、開拓民の4代目

私は1944年（昭和19年）に樺太で生まれた。父・義雄の先祖は南部藩で家老を務めていたと聞くが、戊辰戦争で敗れ、岩手県から北海道の花畔村《ばんなぐろ》（現在の石狩市）に開拓民として移ってきた。私は開拓民の4代目に当たる。似鳥という名前は、今も岩手県に残る「にたどり」という地名に由来する。似鳥一族のうち、本家筋が「にたどり」の名前のまま札幌に入植し、分家の当家は「にとり」という名前で入植した。どうも、「にたどり」の方が賢い家系で、「にとり」は勉強が苦手だったようだ。

たまたまだが、杏林大学医学部で教授をやっている「にたどり」さんと知り合いになった。7～8年の付き合いで、先日は息子さんの結婚式まで出席した。親戚でもないのだが、「同じ名前だしルーツが同じだから、親戚みたいなもんだ」とか言って、なぜか親族の席に座っていた。

祖父は農業を敬遠して、馬の売り買いをする馬喰《ばくろう》をなりわいとしていたが、稼いだ金は酒に使ってしまうような大酒飲みだった。父が「よく何キロも先の店まで買いに行かされた」と言っていたことを覚えている。10人兄弟の4男だった父は自分の土地もなく、昭和10年代に樺太に移住。そこで父は母の光子と結婚し、農業を営んでいた。だが昭和16年に太平洋戦争が始まると出征し敗戦後はシベリアに抑留された。草を食べたり、ネズミを食べたり、ずいぶん苦労したようだ。

一家は大変だったが、母はソ連軍の嫌がらせにも負けない気丈な性格だ。母の身長は160センチと当時としては高く、がっしりした体つき。樺太で住宅の土台に必要な砂を川から運ぶ仕事もしていたが、男に負けない豪傑だった。樺太の頃はまだ幼く余り覚えていない。ひもじかったが、ストーブで焼いた「すじこ」や「サケ」の味やにおいは今も忘れられない。水を汲む井戸の中では蛇がとぐろ

ヤミ米でしのぐ

無事函館に着いたが、札幌までの旅費はない。母はそこで農家の手伝いをして旅費を稼いだようだ。札幌に帰り着き、同市の北25条5丁目に住む母方の祖母の家に居候することになった。引き揚げ者のための簡易型の住宅が何棟もあり、8～10家族ぐらい入っていた。同じような建物なので、たまに夜に帰ると自分の家が分からなくなってしまう。作りは劣悪で、廊下は土。雨漏りがひどく、バケツを置いたが、1つや2つでは足りない。家の中にある洗面器など使えるモノはすべて使って雨をしのいだ。

冬になると雪が台所に入り込み、積もってしまう。だからとにかく寒かった。

ひと間と台所だけの家に祖母や母の兄嫁の家族で雑魚寝していた。数年後に父親がようやくシベリアから戻り、祖母のところから北24条西4丁目にある別の引き揚げ者住宅に住むことになった。引っ越しの荷物は下着と親子の茶わんと、箸だけだった。

父はほどなく大工の修業を始めた。経験もなく、40歳代後半で見習いだ。父は手先が器用で、自分でタンスを作ったり、食器棚を作ったりした。たまに仕事現場に弁当を持って行った記憶がある。後にコンクリート製品の製造と住宅の基礎工事を手掛ける土木会社を作った。母はヤミ米屋だ。表通りには米屋もあり、駐在所もあったのに平気な顔をして商売を営む。取り締まりの要請を受け、駐在所に呼ばれると母は必ず私を連れて行く。「ヤミ米はやめてくれ」と言われると、「こんな小さい子がいて、食べていけないんです」と泣く。

「それでもヤミはダメだよ」と言われると今度は開き直り、「あんたらもヤミ米買っているでしょう。私は見ているのよ」と逆ギレだ。警官も「まあ、そうだけどね、そういう投書があり、調べないわけにはいかないから」と苦笑する。

取り調べを受けても母はめげない。札幌市内にある北海道大学の職員や先生、その家族が住む「大学村」は得意先の一つだ。だがそこにも米屋があり、やはり密告され、警察へ行く。そんなことの繰り返しだった。

ヤミ米は地元の農家から米を刈り取る前に青田買いする。父はよく私を連れ、馬車や馬ぞりで2時間くらいかけて農家に向かう。田んぼを回り、青いうちに稲を食べると出来栄えが分かったらしい。私は食べても苦いだけで、「ぺっ」とはき出してしまう。そこで農協より少し高く買い、利ざやを少なくして正規米より5〜10%安く売るというわけだ。しかも欲しいときに欲しい量を売り渡す。いわばジャストインタイムだ。いとこが精米所をやっており、そこに貯蔵していた。大工をやりながら父がヤミ米の仕入れと物流を担当するマーチャンダイザーで、母が販売する。考えてみるとその姿はニトリの初期の経営に似ていた。

筆者（左）が育った引き揚げ者住宅で

過酷だった幼少期

子供だった昭和20年代は本当に過酷だった。とにかくちょっとでもへまをすると両親からは殴られる。今の時代なら虐待ととられるかもしれない。空腹のあまり「もっと食べたい」なんて言ったら、味噌汁をぶっかけられ、ぶん殴られた。米は売り物だから食べられないし、魚1匹を家族全員で分け合う感じだ。

母からは毎日たたかれ、父からも月に1回ぐらい、ベルトで気絶するまでなぐられた。熱があっても手伝いは休めない。逆に「気が抜けている」とひどく怒られる。だから頭はいつもコブだらけだった。熱があるなんて言えない。よけいに怒られる。「これは愛のムチだ」なんて、考えたことはない。それが当たり前だし、疑問には思わなかった。父は大工の修業の後、独立してコンクリート製品の加工・販売を始めた。寡黙なまじめな人で、気も弱く、利用客からしょっちゅうクレームをつけられる。なかなかもうからないので、家に入れるお金も少ない。

稼ぎの少ない父に対して、生活資金はヤミ米販売に頼っていた。発言力のある母は朝から小言ばかりで、食器が飛び交う激しい夫婦げんかも絶えなかった。罵《ば》詈《り》雑言が飛び交い、テーブルがひっくり返ったり、カレーライスが部屋中に飛び散ったり。けんかで勝つのは腕っ節が強い母だ。両親から怒られるのは私だけでなく、妹も同じ。冬の寒い日、裸同然で家の外を逃げ回っていた。我が家は近所でも気性の荒い一家として有名だった。時折、子供たちが死ぬんじゃないかと思って近所の人が止めに来るし、けんか騒ぎに近くの官舎から警察官が出動し、仲裁に入る始末。まあ、壮絶な家だった。

家の手伝いもきつい。例えば父とともに倉庫へヤミ米を取りに行く。届けてもらうとお金がかかるからだ。しかし冬は大変。地吹雪の中、前が見えず、馬ぞりが溝に落ちてしまうのだ。父は近くの民家に助けを求めに行く際、「決してここから離れるな。下手に動いたら、道に迷い、間違いなく遭難するからな」と厳命する。

「人間、1日ぐらいは耐えられる」と言うのだが、薄い防寒着にゴム1枚の粗悪な長靴を履いているだけ。とにかく寒く、凍え死んでしまいそうだ。震えながら待っていると、数時間して父は戻ってくる。体は冷え切り、がたがた震えている。手伝いなのに生死の境に直面することが何度もあった。今も思うのだが、なぜ父は私に手伝わせたのだろう。食べるための苦労や生きざまを伝えたかったのだろうか。

ヤミ米の配達には毎日かり出される。冬のある日、配達先で震えていると、玄関を後にした直後、母からなぐられた。「相手先の家ではきちんと挨拶して、にこにこしていろ。震えている姿なんて相手が不愉快なだけだ」と。確かににこにこしていると、「僕、かわいそうね」と言われ、リンゴやミカンをもらえる。リンゴなんか初めて食べた。うれしくて芯まで食べたものだ。以来、一歩家を出たらとにかくにこにこするようになった。

小学校のころ（右が筆者）

うさぎとヒヨコの飼育も私の仕事だったが、これもつらい思い出の一つ。食糧難の時代、当然食用だ。ゴミ箱をあさっている子供の姿もよく目についた。だからエサもなく、エサ用の残飯探しが大変だった。ようやくヒヨコが大きくなると、食用として解体しないといけない。情も湧いたが、仕方がない。脚を押さえて、クビを切る。うさぎはさすがに無理で、親が解体した。

恐怖の自転車配達

子供の頃、忘れもしない恐怖の思い出が自転車の練習だ。小学4年生の時にヤミ米の運搬用に中古の自転車を買い与えられた。もっとも背丈が低く、サドルをまたいでも地面につま先がつかない。それでも両親は目標の距離まで運転できるまで許さない。ペダルを蹴って、乗れるようにする。目標の距離まで乗れないと、こっぴどくしかられる。「巨人の星」のようなものだ。血だらけになりながら、ようやく乗れるようになった。

今度は米が1斗入る袋を運べるようになるまで、練習する。最大4袋だ。失敗すると、また殴られるので、夜に1人で練習した。何度も言うが、あくまでヤミ米の配達のための訓練だ。

ようやく自転車での配達ができるようになったが、不安定この上ない。ある日、転んでしまい、地面に飛び散った米ごと家に持ち帰った。その日のご飯は砂だらけ。母は「白米は私たちが食べるものではないよ。売り物だからね。覚えておきなさい」と叱る。小さかった弟や妹の子守もして遊ぶ時間もない。両親への憎しみも強まったが、反抗はできない。楽しみは寝ることだけ。そのときだけは苦しみから逃れることができるからだ。

ヤミ米の配達、鶏の世話などに加え、田舎の祖母が持ってくるフキやワラビを売りに行くのも私の仕事だ。米は2斗届けたら5円とか、野菜は1籠当たりいくらとか、すべての仕事は「出来高払い」。貯金通帳などお金の管理は母がやる。私が使う机やいす、文房具はすべて仕事の報酬で購入していた。うまくこき使われたものだ。

当時は、遊びたくても遊べない。というのも父がシベリアから帰り、6つ下の妹、9つ下の妹、11年下の弟が生まれた。母が米を配達している間に面倒を見な

小学校のころ

いといけない。あるとき、下の妹をおんぶしてビー玉やパッチをやっていると、上の妹がいなくなった。探してもなかなか見つからず、あれには真っ青になった。

母は金貸しもやっていたのだが、「おまえもやるか」と聞いてきた。月に10%の利息。たいした利回りではないが、お金が増えるのが分かったので参加してみた。ところが貸した人間はまもなく夜逃げ。考えてみると当時の長屋は犯罪者のふきだまりだった。貧しいから空き巣に強盗、売春、クスリの常用者など危ない人も多く、信用もへったくれもなかったのだが。子供心なりに金融業には関わらないでおこうと決めたものだ。

いじめられっ子

家では殴られながらこき使われ、学校でも悲惨な目に遭っていた。小学生時代はまさにいじめられっ子。裏家業の「ヤミ米屋」だったものだから、「ヤミ屋、ヤミ屋」としょっちゅうののしられた。クラスでも有数の貧乏一家で、着ている衣服はつぎはぎだらけ。しかも家にお金がないから、少しでも長く着るために大きめのサイズの服を買う。だから買った当初はいつもだぼだぼだ。不格好な服で体も小さく、トイレに呼びつけられてやはり殴られる。

たくさんのいじめを受けたが、その一つが私のつぎはぎだらけのズボンを使った遊びだ。「おまえはキャッチャーだからな。逃げるなよ」。同級生は私を後ろ向きに立たせて、おしりのつぎはぎを的にしてボールをぶつけるのだ。当たると「ストライク」の掛け声。ボールは軟球だが、これが痛い。逃げるとぼっこぼこにされる。無抵抗主義で、登校時は学校へ着くまで長い竹ざおで突つかれまくる。

いじめられてもいつもニタニタしているので「ニタリくん」と呼ばれていた。当時北海道新聞で連載していた4コマ漫画の登場人物と同じ名前だ。小学校2、3年生の時、親にいじめられる理由を話すと、「男だろう。だらしない。つぎはぎで何が悪い。ヤミ米屋で生きているのだから堂々としろ」と逆に怒られる始末。逃げ場はない。

当然勉強はできない。のみ込みが悪く、先生が何を言っているのか分からない。だから通信簿も5段階の1か2ばかり。母には「1が一番良くて、5が最低」とウソをついていた。それがなぜか長い間ばれなかった。何も知らない母は井戸端会議で「うちの子は1とか2ばっかりで優秀なんだ」と自慢をしていた。

周囲も「昭雄ちゃん、またたたかれるから」と黙っていたらしいが、さすがに誰かが「1が最も成績が悪いの」と教えた。長年、私の話を信じていた母は驚き、学校の先生の所まで聞きに行ったらしい。それでばれちゃった。もちろん家に帰ったらたたかれ、「勉強しろ」と言う。そのくせ手伝いばかり。成績が伸びることはなかった。

父は余り成績のことを言わなかった。「おまえは頭の悪い人間が結婚して生まれた子だ。だから勉強ができないのは当たり前だ」というのが理由だ。もっとも後がある。「だから人より努力するか。人のやらないことをやるかだ」

人を笑わせるのが快感に

この頃の担任だったのが「はじめに」で登場した熊坂先生だ。きれいで優しい方だった。「自宅に遊びにおいで」と言われ、同級生と一緒にたびたび遊びに行った。先生の存在だけが救いだった。

4年生の時、新設の白楊小学校へ移ることになった。学校が変わっても「いじめられっ子」であることは変わらない。そういう体質だったのだろう。ただこの頃から「面白い」ということへの関心が非常に高まった。授業はろくに聞いていないけど、瞬間、瞬間で先生の言葉尻をつかまえて、面白いことを言うとみんなが大笑いする。それぐらいでしか存在感を出せないし、笑わせることに快感を覚えるようになった。

月1回の大掃除をする日のこと。同級生の1人が「天井にあるあのボタンを押すと、面白いことが起きるぞ」という。「面白い」の一言に興奮した。押してみたらけたたましい音が学校中に鳴り響く。非常ボタンだった。たくさんの先生が慌ててバケツを持って教室にやってくる。

同級生たちはくもの子を散らすように逃げ、私だけが残される。みんなを集めて「誰が押した」と激怒する先生の一言に「似鳥君でーす」と声をそろえる。言うまでもなく激しくぶん殴られた。それでも周囲を驚かせる快感は忘れられず、いたずらをやめることはなかった。

創成川に突き落とされる

1956年に中学に上がった。引き揚げ者住宅が中心の中学校なので、やんちゃな奴が多い。窓ガラスを割ったり、学校同士のけんかがあったり、札幌市内でも有数の不良学校と言われていた。みんなで風呂屋を覗きに行き、店の主人に見つかったこともあった。私は逃げ切ったが、捕まったやつはひどい目に遭っていた。

中学校へ行ってもいじめられる境遇は変わらない。米の配達もして腕力もあった。一対一なら負けない自信もある。得意の相撲なら絶対に負けない。ただいじめられやすい体質なのか、休み時間のたびに教室の外へ連れて行かれ、集団で暴行を受けた。

ある日、北海道大学の職員が住む住宅地へヤミ米を配達しているときの話だ。札幌市内を流れる創成川沿いでばったりと同級生たちと出くわした。嫌な予感が走ったが、もう避けられない。同級生たちは自転車もろとも私を川に突き落とした。頭から突っ込んでいれば死んでいただろう。

どろどろの姿で家に帰ると、母は驚きながらこう言った。「米はどうしたの」。私はいたずらされ、川に突き落とされたことを話すと「落ちた米をすべて拾ってこい」という。私より米の心配。まるで漫才のようなオチだが、仕方がないので創成川に戻り、どろどろの米を持ち帰った。量は10分の1しかなく、ざるで洗ったが、においはとれない。それを食べたのは言うまでもない。

この話には後日談がある。10年ほど前、中学校の同窓会で、あの時私を川に突き落とした同級生が「似鳥さんが死んだ夢を何度も見た。あれから50年、とんでもないことをしてしまったと罪悪感にさいなまれていた」と話す。私自身はすっかり忘れていたし、思い出しても恨みが湧いてくることはなかった。

後日談をもう一つ。「私の履歴書」の連載が終了してから2週間後、中学校の同窓会が開かれた。そのとき、私を川に突き落とした同級生が「履歴書」を製本してみんなに配り、「この中に私が登場しています。探して下さい」と言い、みんなで爆笑していた。

いたずら好きは変わらなかった。今でも必ずクラス会で話題になるいたずらがある。しょっちゅうたたく厳しい先生がいた。そこで一度ひどい目に遭わせようとして、大中小の花瓶に水を入れたまま、逆さまにして置いた。先生が教室に入り、教壇に立つと「これは何だ」と言い、一番上の花瓶を持ち上げた。すると水がこぼれ、教壇はびちゃびちゃ。先生もそこでやめておけばいいのに、また花瓶を持ち上げ、再び水浸し。先生の服もひどくぬれた。怒り狂った先生は「誰がやったんだ。正直に名乗り出たら許してやる」という。

怒らないなんて信じていないので、誰も名乗り出ない。先生は放課後に犯人捜しを始め、それが2週間続いた。あまりのしつこさに参ったが、先生の怒りが尋常ではない。結局誰も口を割らず、「未解決」事件になった。

勉強は相変わらず。理解力が著しく悪いので先生の言うことが頭に入ってこない。結婚してからの話だが、家内は「なぜあなたが幼少期からお母さんに怒られ続けたのかよく分かる。すぐに理解して行動しないからなのよ」と言われた。そんなわけで授業中は漫画ばかりを書いていた。まずまずうまいので、友人から好きな漫画を拡大して描くように頼まれた。

人生の成功者は21画

こんなエピソードがある。やたらと人の名前の字画にこだわる数学の先生がいた。ある日、「21画の名前が成功する確率が高い。誰かいるか」と聞く。2人いた。1人は全校で成績1番の同級生で、後に東京大学に進んだ。もう1人は学業成績最下位の私で、昭雄はぴったり21画。教室が笑いに包まれたのは言うまでもないが、ニトリが企業として成功したわけだから、先生の「うんちく」通りだった。

パッとしない中学時代だが、今でも心に残っている言葉がある。行儀が悪いとすぐにチョークを投げつける数学の先生がいた。その先生が10代で兄弟を亡くした自分の人生経験から「人間はいつ死ぬか分からない。やりたいことをやって、思い残すことはないように。そのときは肉親にも、後悔していないから悲しまないでと言えるような人生であってほしい」と教えてくれた。

これには感動した。ずっと覚えていて、家内にも「俺の葬式は笑って送り出してほしい。カラオケ大会でも開いて、生前に記録したCDとビデオでも流してくれ」と伝えている。遺言も残している。自分が死んだときの社長も50代ぐらいから決めていた。会社は後継者で決まってしまうし、創業者の死後も永続しなければならないのだから、当然だろう。ゴールから今の会社のありようを考える。この私の経営の原理原則は中学時代の先生の一言が影響している。

ヤミ米届けて高校合格？

当然高校入試はことごとく落ちた。最後のとりでは北海道工業高校（現在の北海道尚志学園高校）。ここを落ちたら全滅だが、やはり不合格だった。

私は「何か手を打たなくては」と考えた。ヤミ米の販売先の友人が北海道工業高校の校長先生だった。夜中に米1俵を届け、「何としてでも合格したいんです」と訴えた。そのおかげかどうかは分からない。補欠合格となった。

第2章
歌手になろうとした青年時代

人生の運は紙一重

高校に入った後もいじめは続いた。不良グループから因縁をつけられ、時折、痛めつけられる。あるとき配達の仕事に使うオートバイに乗っていたら、不良グループに後ろに座られ、倒されてしまった。奪おうとするのでバイクにしがみついていると、殴られ、顔はあざだらけ。父は取り戻してこいと言うが、1人では無理だ。3、4歳上で不良生活を送るいとこがいたのを思い出した。バイクを盗まれたことを打ち明けると、「よしよし、俺に任せておけ」とすぐさま応じてくれた。

いとこは不良グループの兄貴分だったようで「ついでにあいつらぼこぼこにし

といたからな」と笑う。無事バイクは戻り、助かった。さすがに「このままではダメだ」と思い、アルバイトで稼ぎ、ボクシングジムに通った。もちろんけんかに強くなるためだ。1年間通ったが、親にばれ、あえなく退会。だが「サシのけんかなら負けない」という自信だけは付いた。

成績は相変わらず悪い。1年生60人中、成績は58番目。ところが私より下だった2人は進級できなくなり、程なくやめてしまう。「競争相手」がいなくなり、学年どん尻が私の定位置となった。

高校時代は当然異性への関心も高まる時期だ。今だから言えるが、そのことで人生が狂いかねない事件が起きた。自分の高校の仲間数人と、別の高校の女子高生と集団で遊んでいると、若さ故にいわゆる「不純異性交遊」に発展してしまった。当時は「桃色行為」と呼ばれていた。お互いの合意の上で順番に河原で「悪い」ことをしていくのだ。未経験の私は不安と期待が入り交じった感じで、自分の順番の日が近づいてくると迷いも生まれた。

ところがその前日、女性の1人が補導され、芋づる式に事が露見。5人の同級生が退学処分となってしまった。１日遅かったら私も退学だった。大学への進学もできず、違う人生を歩んでいただろう。

奇病に苦しむ

高校2年生の時、「奇病」で手術を受けた。実は幼少の頃から下腹部に激痛が走り、余りの苦しさに気絶してしまうことがあった。意識を取り戻すと痛みは消えている。子供の頃は「痛い」なんて言うと、「たるんでいる」と叱られるだけなので、ずっと我慢していた。だが高校2年のときは状況が違っていた。マラソン大会後、下腹部に激痛が走った。やはり気絶したが、正気に戻っても痛みは引かない。盲腸かと思い、北海道大学病院に運び込まれた。

診察すると盲腸ではなかった。両方の睾丸《こうがん》がくるくる回転して、血が通わなくなる何百万人に1人の奇病だという。当初は両方壊死《えし》してしまうと言われたが、摘出は片方で済んだ。北大では過去にない症例ということで、一時私の睾丸はホルマリン漬けになって、研究材料になった。話を聞くと、隔世遺伝の病気で祖父が同じ症状だったらしい。なんでも日清戦争か日露戦争の戦場で睾丸摘出手術を受けたそうだ。

母は「子供を作れなくなるのでは」と心配していたが、当の私はけろっとしていた。それどころか「奇病を患い、境遇もひどい。何かで成功するのでは」と大まじめに考えていたぐらいだ。

珠算大会で優勝

高校時代は少し人生が上向いてきた気がする。手先が器用なせいか、そろばんだけは得意だった。中学校の時に珠算1級を取得していたぐらいだ。珠算部に入り、一心不乱に腕を磨いた。すると約500人が参加する大会で1位に選ばれた。表彰式で校長先生から賞状をもらいに行ったが、校長は私のことを覚えていない。賞状を手渡されるとき、「先生、僕は入学前に米を届けた似鳥です」と話すと、「おー、あのときの君か。よく頑張ったな」と喜んでくれた。

高校時代も終わりを迎え、問題は卒業。条件は珠算3級と簿記3級の取得だ。そろばんだけは高校でも有数の腕前で問題はない。だが簿記が苦手。先生に呼び出され、「このままでは卒業できない」と言われた。そのことを母に打ち明けると、さめざめと泣かれる始末。仕方ないので、必死で周囲の友人の力を借りながら、何とか卒業した。

正直言うと、中学と高校はカンニングばかりしていた。厚紙のカンニング用紙を取り付けたゴムを肩に貼り付け、答案を書くときに用紙を引っ張り上げるというやり口だ。暗記はできないが、手先が器用なのでこういうものを作るのはうまい。数学や英語は暗記ではないので通用しない。そこで信頼できるカンニング仲間を募り、乗り切った。

正当化するのはおかしい気もするが、カンニングも創意工夫のたまもの。ビジネスと同じで、世の中にない仕組みを作り、生き抜ける。結果のためには全力を尽くすという姿勢だけは今と変わらない。

この頃、父はこんなことを言っていた。「おまえはのろまで、だらしない。成功するには人の2倍努力をするか、人のやらないことをやるしかない」。そしてこんな話もしていた。「頭が悪いのだから、国立大学や有名私立大学を卒業した

高校の珠算部（前列右端が筆者）

優秀な人材を使えばいいんだ」。この言葉は私の心にずっと残り、実践するように心がけた。

父は自分がやっていたコンクリート会社を私に継がせるつもりだった。ヤミ米の販売とともにコンクリート会社も長年手伝っていたので、技能は身についていた。だが土日に休みもなく、工事用の棒を担ぐとトゲが肩に刺さる。あれは痛い。とにかく仕事がきついので、「社会には出たくない」という気持ちが強まった。

そこで両親に「俺は勉強をしたいんだ。大学に行かせてほしい」と訴えた。「勉強がまるでできないくせに、何が勉強したいんだ」とこちらの魂胆は見抜かれている。何とか粘って、大学進学を認めてもらった。入学金や授業料だけでなく、自立することも条件で、生活費まで自分で稼ぐことになった。そういえば実家に下宿代も払わされた。

短大に進学、ナンパ修行

　1962年、何とか札幌短期大学に滑り込んだ。もっとも親の仕事から逃げるためだから、学校はろくに行かない。空手部に入ったぐらいで、勉強はしない。授業料は自分で払う約束だから、年中アルバイトばかりしていた。

　夏は父の仕事を手伝うが、雪が多い冬に仕事はない。お歳暮の配達や札幌市にある狸小路商店街の屋根の雪下ろしなどだがトラブルばかり起こした。商店街では精肉店の娘と仲良くなり、部屋で遊んでいたら、店主にばれてぶん殴られた。お歳暮の配達では猛吹雪の中、車で子供を引っかけてしまい、親からお金を借りて賠償金を払った。あるときは電車とぶつかり、やはり損害賠償。稼いでも稼いでも生活は楽にならない。

高校時代の女性関係はいま一つだった。そこで短大時代、ナンパ名人の友人に「やり方を教えてほしい」とお願いした。友人と大通公園にある噴水で物色していた。まず友人が見本を示す。するとあっという間に2人の女性を連れてくる。友人のルックスはいま一つだが、とにかく会話が面白いのでもてる。4人で話をしても私はもじもじして全く入っていけない。

悩んでいる私に友人は「何をやっているんだ。もっと努力をしないといけない。会話も手帳にメモしろ」と説教する。会話を聞きながら笑いのポイントを必死で私は勉強した。それから友人はおまえが行ってこいという。ためらう私に対して「こういうことは失敗しないとうまくならない。とにかく断られる覚悟でいけ」と発破をかける。そこで私が「ちょっといいですか」と話しかけても、うまくいかない。その後も何度も友人に「表情が硬い」などと指導されながら、ナンパを重ねた。そのうちだんだんうまくいき、女性の友人も増えてきた。2年間、みっちり学んだ成果だ。

札幌短期大学の空手部（前列左から3番目が筆者）

この頃、家出して大通公園をうろつく女性が増えていた。実際にたちの悪い店に行かされ、ひどい目に遭った女性もいた。そんな話を見聞きしながら、「何とか救ってやらないと。ちゃんとした店で働いてもらえば、こちらの稼ぎになる」と思い立った。実際に行きつけのスナックのママたちも「人手が足りないから、そんな子がいたら助かる」と興味を示してくれた。

ナンパで培った「交渉術」が生きた。そこでお金がない女性のためにアパートを探して、布団や茶わんなどをそろえ、生活できるようにする。お金は立て替え、仕事先も紹介する。これが増えてくると、結構な収入になる。当時の大卒の初任給が月1万3000円で、仲介料は1人当たり毎月500円ぐらいだった気がする。だが女性に対して実は奥手。女性たちといい関係になることはなかった。

歌手「似鳥昭雄」の夢

実は高校から大学時代にかけて歌手になろうとしたことがある。当時は橋幸夫、フランク永井が全盛期。もともと歌が好きでレコードを聴きながら、必死で練習した。そして高校3年生の時、札幌で開かれる「NHKのど自慢」に出場した。「よし、ここで鐘を3つ鳴らし、歌手を目指そう」と意気込んだ。歌には自信があり、親戚一同にも「のど自慢」出場を吹聴して回った。

友人3人で出ようとしたら、1人がおじけづいて来なかった。当初はテレビ中継をしない予定だったが、急きょ放映されることになった。いよいよ本選。歌は橋幸夫の「南海の美少年」。もともと緊張する性格で、目の前の観客席はぎっしり埋まっている。テレビカメラも2、3台集まり、緊張はピークに達した。そして私の番が回ってきた。司会者に「では『南海の美少年』、どうぞ」と紹介され、歌い始めるといきなり音程を1オクターブ外してしまった。もう対処しようがなく、わずかワンフレーズでむなしく鐘が1回「カーン」と会場中に響き渡った。

歌い終わり、司会者から「いかがでしたか」などと感想を聞かれると思ったら、「はい、次の方どうぞ」と押しやられた。

その日、祖母の実家で叔母の結婚式が開かれることになっており、のど自慢に出場後、会場に駆けつけた。式の始まる前、小学生のめいが私を見つけると、大声で話しかけてきた。「お兄ちゃん、のど自慢見たよ。歌うとたんにカーンでしょう」。テレビを見ていた親戚はみんなで大笑い。

そのとき歌手の夢はあきらめかけたが、「いや、初志貫徹だ。親戚を見返したい。今度はきちんと歌を学んで本格的に歌手を目指そう」と誓った。そこで短大の時、歌手になるための養成所に入った。ところがここは生徒が30〜40人と多くレッスンもまともに受けられない。ミュージカルもしたが、私は通行人。どうしようもないので、地元テレビ局が運営する学校へ行ったが、ここもレッスンが少ない。3回目は「札幌レンジャース」という40人で編成するジャズバンドのマスターである青木精一郎さんに直接教えを受けることになった。

私はそこで週に2日、練習した。親は歌手になることを反対していたので、「英語の塾に通っている」と嘘をついていた。先生から学んだのはフランク永井の『霧子のタンゴ』だ。そこで腹式呼吸や発声練習を基礎から学んだ。おかげで夜のクラブで歌う仕事も舞い込んだ。週に1回、フランク永井を歌い、出演料をもらった。当時の大卒初任給の3分の1ぐらいに当たり、実入りは良かった。

このほかさっぽろ雪まつりや桜祭りで歌を披露し、「歌手活動」は大学時代を終えるまで続いた。だが結局、デビューを申し出る声はなかった。大学を卒業してからは歌手の夢は封印していた。

歌手「似鳥昭雄」については後日談がある。ニトリが成長してからの話だが、会社の専務を通じて作曲家の弦哲也先生と知り合いになった。たまに食事をする仲になったころ、先生の友人の店でカラオケ大会を年2~3回開くことになった。

これがきっかけ。弦先生は「いけるんじゃないの。経済人だし話題になるよ」と言う。

おかげでレコード会社のテイチクの80周年記念で川中美幸さんとデュエットし、CDを出す機会に恵まれた。タイトルは「めおと桜」。テレビ東京の歌謡番組「木曜8時のコンサート」で川中さんとデュエットでの出演も果たした。北島三郎さんら大物歌手が10人程顔をそろえ、緊張感は尋常ではなかった。大学出てから「50年越し」。ようやく声がかかり、歌手デビューを果たしたわけだ。

名門大学合格へカンニング？

歌手を目指した短大生活も終わりを迎えた。やはりもう少し大学生活を満喫したい。そこで編入試験を受けたのが北海学園大学だ。当時から道内の私立大学ではトップクラスで、憧れていた。もちろん自分の実力ではとうてい入れない。試験科目は英語と経済学。そこでカンニングを思いついた。英語は編入試験を受ける同じ短大の友人に任せ、経済学は「俺がやる」と決めた。

ところが英語を担当する友人が問題を解くのに必死で、見せてくれない。一方、経済学の試験内容は「マルクス・レーニン主義について知っていることを書け」。私も必死で書いたが、教える余裕などなかった。おかげで英語はさっぱりだった。

結果は私が合格し、友人は落ちた。飛び上がって喜んだ。私の点数は経済学が70点で、英語は5点。両方で70点が合格ラインだった。友人は「なんでおまえが受かるんだ」と愚痴る。とにかくいじめられ、バカにされてきた幼少・青年期。周囲を見返したいという気持ちが強く、北海学園大学には何としてでも入りたかった。

64年、念願の北海学園大学経済学部への入学を果たした。本当にうれしかった。「北の早稲田」とも呼ばれ、北海道では就職もいい。「これで将来は約束された」などと勝手に浮かれていた。

任侠映画に憧れた大学時代

先生を尾行して弱みを探る

もっとも講義内容はちんぷんかんぷん。留年は避けられないと両親に伝えたら、「絶対ダメ。留年は一切認めない」と言う。実家の似鳥コンクリート工業を早く継がせるためで、授業料や生活費を自分で払っているのに聞く耳を持たない。といっても相変わらず両親は怖いので、なんとしてでも2年間で卒業しないといけない。女性の先生には「きれいですね」と褒めたり、ワインを届けたり、できないなりにあらゆる努力を尽くし、単位を手に入れた。

今思えば、ばかばかしいこともした。とにかく簡単には単位をくれない先生がいた。そこでその先生の弱みを握ろうとして、後をつけてみた。そのうち札幌市内に行きつけの飲み屋があることが分かった。どうも店のママがお気に入りで、時間さえあればこの店で飲んだくれているようだ。

先生が飲んでいる日に私も入店。そしてさりげなく先生に近づいた。「偶然ですね。私は先生の門下生です。講義は本当に面白いです」と話しかける。本当は全然面白くないのだが。

酒を飲んでいるうちに、先生が恐妻家であることが分かった。そこで先生の奥さんに電話し、「教え子の似鳥と申します。今日は先生を朝までお借りしますから」とアリバイ作りに一役買った。

そして先生に「ひとつお願いがあります。白紙で出しても可をつけてくれませんか」と持ちかけた。おかげでどんな答案でも「優」をもらえる約束をした。試験当日。「あのときの似鳥です。よろしくお願いします」とだけ書き、白紙で出した。

ところが試験の結果は「0点」。気が動転して、先生の部屋に駆け込んだ。来客がいるが、関係ない。「おまえ、何をやっているんだ」と怒る先生に対して、「何を言っているのですか。私も怒っていますよ。スナックでの約束を破るんですか。0点じゃないですか」と言い放つ。先生はけげんそうな顔つきをする。

しばらくして先生が気づいた。別室に呼ばれ、「変な答案があると思ったが、あのときの君か」となだめられる。次回の試験からは私も改めて「努力」して「良」は何とか取得した。これも執念だ。

アルバイトでスナックの取り立て屋

名門大学へ入ってもこんな調子。やはり先生の言うことは頭に入ってこないし、講義中は、ぼーっとしてしまう。学生運動も盛り上がっていたが、何が問題で学生が怒っているのか理解できない。とにかく2年で卒業しないといけないし、金も稼がないといけない。アルバイトでは夜のスナックで客の未払い金の「取り立て屋」をしたことがあった。当時は高倉健や菅原文太らの任侠映画の時代。私は角刈りにして浴衣をはおり、「その筋の人」を演じる。品格もへったくれもない。

高校時代からかわいがっていた近所に住む弟分を引き連れ、ツケを払わない客の元へ出向く。「ごめんなすって」。もちろんなかなか支払いに応じようとはしない。「払わないとはどういうことだ」と弟分が叫び、暴れる。そして兄貴役の私が「お客さんは払わないとは言ってないだろう」となだめ役に回る。するとたいていの客は払ってくれる。スナックのママは「どうやって回収したの」と驚き、取り立てたお金の半分をもらった。

あとはパチンコ、ビリヤードにスマートボール。特にビリヤードには自信があり、ハスラーとしてずいぶん稼いだ。暇さえあれば、ビリヤード場に通っていた。スマートボールはインチキばかりしていたら、出入り禁止。パチンコ屋は裏で機械の操作をしている人と親しくなり、玉を多めに出してもらった。悪事がばれたパチンコ屋の店員は解雇され、私も当然出入り禁止。本当に悪いことばかりしていた。

大学で役に立ったのは野球部や柔道部など体育会の仲間たち。父の会社を通じ、一軒家の基礎工事を請け負い、私は現場の総監督を務める。上半身裸で、短パン一丁のいでたち。大学の仲間はアルバイト収入を得ると同時に体を鍛えるという目的があったので、熱心に働いていた。工事はやはり力仕事。私も体育会の馬力には本当に助けられた。私が事業主なので、報酬は当時の会社員の1・5倍はあった。そんな破天荒な大学生活ながら、無事に2年で卒業できた。論文は書いてもらったり、英語は「代返」してもらったり、大学で学んだことはほとんどなかったが。

第3章

何をやってもうまくいかない

家出し、広告会社に就職

1966年に北海学園大学を「無事」卒業、そのまま父の会社の似鳥コンクリート工業に入社した。従業員は十数人で、業務内容は一軒家の基礎工事を請け負うほか、塀などを作っていた。子供の頃から仕事を手伝っていた私はすでに10年選手の即戦力。父も「待ってました」と言わんばかりだった。

ところが働いてまもなく、7月に盲腸を患った。手術が遅れ、癒着してしまい、回復は思わしくなかった。医者もしばらく安静にするように診断したが、親は「家で遊んでいる余裕はない。働け」と言う。扱いは幼少期となんら変わりはない。

復帰当初、住宅に使うコンクリート製品を作る仕事をしたが、傷は痛む。自分の

コンクリート会社を経営した父・義雄

身は自分で守らなければならない。そして母が米の配達をしているときを見計らって家出に踏み切った。

貯金は5万円あった。大卒の初任給が1万5000円ぐらいだったから、しばらくは何とかなる。家出した後、札幌市内の友人に頼み込み、家の屋根裏に住みついた。その友人は高校時代、「不純異性交遊」が発覚し、退学になった1人だ。1枚の布団で男2人が寝ていた。ところが友人の彼女が頻繁に来るし、長くは滞在できない。保証人もなく、部屋も借りられないので、住み込みで働ける仕事を探した。

そんな条件の会社はなかなかなかなかったが、1社だけ見つけた。東京に本社を置く広告会社の共栄興業だった。バスにつける広告を取るのが仕事で、札幌営業所は札幌競馬場前にあった。オフィスは東京からの出張者、札幌の所長が寝泊まりするアパートを併設しており、私はそこに住まわせてもらった。

役立たずの営業マン

6カ月契約の広告をもっぱら中小企業から取ってくる仕事で、会社と雇用契約を結んだ。1カ月50万円の広告獲得がノルマだが、私は全く達成できない。この頃、人前でまじめなことを話そうとすると赤面したり、言葉につまったりと、軽い対人恐怖症だった。広告主の元へ行っても相手にされない。たまに会えても、用件をうまく伝えられない。もぞもぞしていると「何しに来たの」と言われ、追い返される。

ノルマが達成できないと本当は辞めさせられてしまうが、住むところもない。そこで外回り後、寮の食事や掃除をする仕事を引き受けて、何とか残留した。もっとも夕食は鍋やジンギスカンばかり。

先輩社員から「おまえ、鍋しか知らないのか」と言われ、毎日の献立を考えるのは苦痛だった。料理本を買ったが、うまく作れない。契約も取れないまま。ノルマが達成できない他の新入社員は相次ぎ辞めさせられた。私も解雇の対象だが、一つだけ生き残る道を見いだした。花札だ。

所長が大の花札好きで、毎日のように所長室に呼ばれ、朝方まで付き合わされる。実は花札は得意中の得意で、ほぼ所長を負かしていた。私へのツケは3カ月分の給料に相当する金額になり、催促しても払ってもらえない。私はこう言い放った。「クビにする時は借金を返してくださいよ」

広告会社をクビになる

6カ月が過ぎた。契約は相変わらず取れない私だが、花札のおかげで辞めさせられない。ところが、本社がこのことに気づき、所長に解雇するように伝えた。所長は私へのツケをどこかで工面し、「悪いけど、これで辞めてくれ」とお金を渡され、ついに解雇されてしまった。

バス広告会社の共栄興業を解雇された後、履歴書を持って6、7社ぐらい回ったが、住所不定で保証人もいない。せっかく北海学園大学を卒業しても職は見つからない。金がないどころか、食べるのにも困る状況に追い込まれた。友人宅を転々としてもさすがに迷惑がられる。1カ月ぐらい帯広市や旭川市など北海道内を放浪した。再び共栄興業の所長の元へ駆け込み、「何でもするから、会社に入れてほしい」と懇願した。集金やバスの鉄板のデザイン、ステッカー貼りなどを担当した。

相変わらず営業はさっぱりで、行く気もしない。サラリーマン時代の私がダメだったのは、ロマンとビジョンがなかったからだ。やることもないので、学生時代に興じたスマートボール、ビリヤードはもちろんのこと、映画館に行ったり、パチンコ屋に入り浸ったり、時間をつぶすのが大変だった。仕事をしたふりして会社に戻ると、上司は「どうだった」と聞いてくる。給料をもらうだけなので、とてもつらかった。

仕事はダメだったが、若手だったこともあり、先輩からはずいぶんかわいがられた。営業所兼宿泊所の夕食の片付けを終えると、スナックなどへ連れて行ってくれる。これが本当に楽しみだった。札幌市内の中の島ヘルスセンターというレクリエーション施設にもちょくちょく行った。ある日、入浴後、50畳ある大広間でバンド演奏をバックに客が歌を歌っていた。ほろ酔い気分で「下手くそ」など

家出して北海道をさまよった

とやじを飛ばしていると、歌っている人の会社仲間と共栄興業の社員でけんかに発展してしまった。他の客は逃げだし、もうめちゃくちゃ。もみ合いで浴衣がびりびりに破れた人もいれば、素っ裸になった人もいた。

それでも収まりがつかない。「じゃあ、外で決着をつけよう」ということになり、7～8人同士で豊平川に集結した。相手はどうも大手の優良企業。そのせいか酔いが覚めてくると相手の勢いは弱まり、結局謝罪。けんかは終結した。

誤解を招いた花札遊び

高度成長期の1960年代。おおらかな時代だったのだろう。先輩から「おい、女性を連れてこい」と言われ、ヘルスセンターに遊びに来ていた5、6人の女性グループに声を掛けた。大学時代に学んだ「ナンパ」は成功し、みんなで5軒ほどはしごした。

飲み歩く中で、行きつけのスナックの女性と結婚した先輩がいた。結婚後まもなく、その女性から「あんた仕事もないから、暇なんでしょう」と言われ、先輩のいない間に自宅にしょっちゅう呼ばれた。女性は花札に目がなく、相手として呼ばれたのだ。こちらは得意中の得意で、勝ち負けも自由自在。気に入られ、調子に乗っているとたまたま先輩が早く帰宅してきた。

家に入るやいなや先輩は「貴様、俺の女房にちょっかい出しやがって」と怒り、包丁を持って追いかけてくる。「誤解です」と言いながら裸足で逃げたが、分かってくれない。翌日、女性が「私が呼んだのよ」と取りなしてくれ、騒ぎは収まった。誤解は解けたが、私も悪い。土下座して謝った。

女性問題でピンチ

エネルギーはあるが、展望のない共栄興業時代。ロマンとビジョンのない私は本当にダメ人間だった。病院勤務の女性と、今でいうパブのような店で知り合った。結婚しようとすら考えた女性で、部屋に入り浸っていた。

だがあるとき、部屋に入ろうとすると、男の声が聞こえる。車の中で待っていると、男が出てきた。追跡すると、友人だった。

「おまえ、俺の女に手をつけて。どうするつもりだ」と言うと、友人は「悪かった。もうしないから。彼女は返すよ」と言う。さすがにそれも困る。話し合い、別れることになった。

それからしばらくして、彼女が父親とともに私の家に訪ねてきた。相手の父親は「一人娘を傷物にした以上、責任をとれ」と迫ってきた。一度浮気した女性と結婚する気にはなれず、きっぱり断った。

すると「うちは道東で運送業と洋品店をやっている。後を継げばいい。仕事は従業員がやってくれるから」とまで言う。そこで友人を探して「一生のお願いだ。おまえも付き合いがあったことをしゃべってくれないか」と頼みこむと、渋々承諾してくれた。

友人が正直に話し、彼女が二股を掛けていたことが分かると、親はびっくりしてしまった。さすがにあきらめて「分かりました。別れに伴う慰謝料はあなたの誠意に任せます。後日、札幌から家まで娘を届けてくれ」と力なく答えた。

親の言う通り、短大時代の友人と彼女を自動車で連れて帰ることにした。途中、千歳市のパーキングで停車していると、彼女は逃げ出してしまった。一度実家に戻ったら、もう札幌に帰れないと考えたからだろう。嫌がる彼女を何とか捕まえ、車に乗せようとしたら、通りすがりの人が110番に通報した。

嘘をつかれて留置所に

警察官が駆けつけると彼女は「無理やり車に乗せようとしたのです」と嘘をつく。私と友人は「違います」と釈明したが、留置所に入れられてしまった。何でこんなに目に遭うのか。ぼうぜんとした。すると数時間後、警察官が来て「釈放だ」という。いったん警察署を去った彼女だが、さすがに悪いと思ったのか、被害届を取り下げ、事実を話してくれたのだ。

再び彼女を車に乗せ、実家に着いたのは深夜の1時か2時。相手の親は「泊まっていけば」とねぎらってくれたが、断って再び札幌に帰った。だが悪いことは重なる。帰りの暗い道中、タイヤがパンクし、車中泊となった。信じられないだろうが、本当の話だ。ちなみに家具店開業後、その親が払っていない慰謝料を取りに来ることになる。

楽しい広告会社時代だったが、ノルマを達成することはできない。結局、「君は成長しないな」と言われ、6カ月で再びお払い箱になった。6、7社ほど面接に行ったが、全く相手にされない。

それで札幌市内をふらふらしていると、父の弟で似鳥コンクリート工業の専務にばったり会った。「だらしない生活をいつまでしているんだ。仕事がないなら、手伝え」と言われ、そのまま会社に戻った。叔父は水道工事を手掛ける部門の責任者で、旭川での水道工事現場の監督の助手をすることになった。

1年ぶりの実家へ

仕事するのはいいが、家に帰るのはおっくうだ。1年ぶりに自宅へ戻ると父は珍しく酒を飲んでいる。「突然、家出して申し訳ない。これから旭川で仕事をします」と伝えると、父は「何しに帰ってきたんだ」と怒り、一升瓶を投げつけた。ベランダのガラスは粉々に砕け、慌てて叔父とともに逃げ出した。本当はうれしかったのかもしれないが、相変わらずだ。母はなぜか占師に聞いて、「札幌で元気にしている。大丈夫」というお告げを聞いていたそうだ。そのせいか、怒られることはなかった。

旭川で監督の助手を務め、測量などの仕事などを覚えた。2カ月後、滝川市で

10人ぐらいの水道工事の現場監督をするようになった。主に上水道と家庭を結ぶのが仕事だ。冬は零下10度でとにかく寒く、ドラム缶の中に木を入れて、灯油をぶっかけ、暖をとっていた。夜間にはガソリンを入れ、ドラム缶に入れると激しく燃える。異様な風景だった。

監督になったのはいいが、現場作業員をまとめるのが大変だった。昔からの似鳥コンクリートで働く社員もいるが、半分は東北など各地から集まる季節労働者だ。そのリーダー格は体中に入れ墨を彫り、100キロはある巨漢だった。昼間から酒を飲み、遊んでばかりいて面倒な仕事は避ける。厳しい仕事ばかり押しつけられて、昔からいる作業員からは当然不満も生まれる。

季節工と力比べ、相撲、花札、酒で勝負

「俺たちも面倒な仕事はしたくない」と不平を鳴らし、従業員たちはストライキに入る。そこでリーダーに「みんなと同じように仕事をしてくれないか」と頼んだ。すると「文句があるなら部下たちを引き揚げるぞ」と脅す。「どうしたら言うことを聞いてくれるのか」と聞くと、「力比べ、相撲、花札、酒で俺と勝負して、全部勝ったらな」と無茶な条件を突きつける。

花札、酒なら勝てるかもしれない。相撲は得意だが、相手は大きい。まず花札は勝った。力比べは70～80キロの石を持ち、何歩歩けるのかという競争だ。石を運ぶのは仕事で慣れており、勝利。そして相撲だ。私の体重は60キロしかないが、

熱戦の末、奇跡的に勝てた。相手は感心した表情を見せる。次は酒飲み競争。お互い必死で飲み続け、勝負がつかない。これ以上飲むと仕事にならないので引き分けた。すると親分は「おまえの勝ちだ。大学出の割にやるじゃないか。言うことは聞いてやる」と言い、和解できた。

「監督はたいしたものだ」。これには生えぬき社員も感心してくれた。この頃は寝る間も惜しんで働き、もらった給料もみんなを飲みに連れて行き、2日間で使い切った。札幌や釧路、旭川など道内のどこの現場よりチームはまとまり、仕事のスピードはどこより速く、利益率も群を抜いた。

季節工を従わせ、滝川市での水道工事の現場を巧みに取り仕切ったのもつかの間。ある日、雪のちらつく中、消防車のサイレンが響き渡る。どこかで飲みながら「おお、大変だな」などと思っていたら、どうも似鳥コンクリート工業の工事現場らしい。慌てて駆けつけたが、もう遅い。作業員宿舎が火の不始末で全焼してしまった。給料を失った従業員もいた。現場はとりあえず解散だ。私は責任を取り、辞めることになった。

第4章

日本に「豊かな生活」を実現したい

家業に見切り

いまさら現場の従業員で働くわけにもいかず、途方に暮れていた。札幌市の自宅へ戻ると、似鳥コンクリート工業の跡継ぎになる路線は変わっていた。父に相談したとき、「会社は毎年赤字だし、これ以上続けても将来性はない。自分の道を考えろ」と言う。入社してすぐ「常務」だったのに、人生は振り出しに戻った。何で身を立てるか、あれこれ考えてみた。実際に私が起業してまもなく、コンクリート会社は清算した。事業に固執せず、見切りをつけた父は偉かった。

ちょうど似鳥コンクリート工業の所有する30坪の土地・建物があった。ここで中学生か高校生の時、母が雑貨屋を営み、駄菓子などの量り売りをしていた。私も店番をしたことがあり、かわいい子には多めにあげていた。大学時代は母から会計を頼まれたが、ごまかしてお小遣いにしたら母にばれ、「おまえはクビだ」と言われた。

私がダメなので母は取引のある銀行員に会計を任せた。すると銀行員もごまかしたのだから笑ってしまう。その銀行員は数年後、車上荒らしで捕まってしまった。裏切られ続けた母が疑い深くなるのも分かる。

周囲になかった家具店を開業

その後、パチンコ屋に貸していたが、建物の中が火事で燃えてしまう。別のパチンコ屋から貸してほしいという申し出もあったが、この建物で商売でもやろうと決めた。周辺は引き揚げ者住宅など、割と住宅も多い。衣食住のうち、周辺を探すと家具屋だけがない。家具屋は当時、札幌の中心部にしかなく、競争がない状況だった。

当時は家具の将来性や可能性など何も考えていない。当然チェーン店という発想もない。食べていくための生業として家具販売を選んだ。しかし同業の知り合いもいないし、問屋も知らない。探し回っていると家具屋で働いた経験のある遠縁の人がいた。1、2時間かけて遠縁の自宅を訪ね、彼が家具問屋を紹介してくれることになった。

しかし、手当たり次第、家具問屋を回ってみたが、全く相手にされない。ある問屋の専務は面会してくれたが、「あんた23歳だろう。まだ無理だよ。他の会社に勤めた方がいい」と諭す。私は「いや、どこでもダメだったのです。現金は用意していますから」。親と知人からかき集めた100万円があった。しかしリスクが多いと思われたのだろう、売ってくれなかった。

2社目も3社目もダメ。ところが最後となる本多興産という問屋があり、40歳前後の営業部長が出てきてくれた。これまで取引を断られてきた経緯を話した上で「若いし気力十分です。もうここしかありません。何でもやりますから。教えてほしい」と懇願した。すると「本当に何でも言うことを聞くか。俺たちも小売りに興味がある。やり方は任せてくれるか」と返答してくれた。別の問屋の部長にも声をかけて「どうしたら売れるのか、実験をしてみないか」と持ちかけてくれた。

そして2人で相談し、ソファや食器棚、テーブルなどすべて用意した。「これでどうだ」というが、判断などしようもない。「はい、これでお願いします」と仕入れが完了した。チラシは私が作ったが、大ざっぱ。写真は1枚もなく、商品名とサイズを書き連ね、値段を赤字で書いただけの宣伝だ。67年12月、札幌市北26条西5丁目に1号店をオープンした。

札幌で家具店を始めた

イメージ優先、看板に「偽り」

ちなみに店名は「似鳥家具卸センター北支店」。卸とつけることで「安い」イメージを与え、センターは「大きい」というイメージが湧く。北支店としたのは他に本店があるように思わせるためだ。来店客に「本店はどこですか」と聞かれたが、「本店はここから南へ車で1時間ぐらいの所にあります。行きますか」と答えるとそれで話はおしまい。我ながら浅知恵も甚だしい。

チラシをまいただけだが、オープン後、結構売れた。ところが1週間を過ぎると、ぱたっと売れなくなる。月間販売額60万円を下回ると赤字だが、40万円ぐらいしかいかない。問屋からも「手のうちようがないな。このままじゃつぶれるから、何とかしろ」と言われる。仕入れ代金の取り立ても厳しい。アルバイトも従業員も雇えず、厳しい洗礼を受けた。

67年12月に開業した「似鳥家具卸センター北支店」だが、4カ月たっても、売り上げは全く伸びない。妹が夕方に高校から帰ると配達を手伝ってくれるぐらいで、従業員を雇う余裕はない。もっとも平日は客も少なく、ろくに努力もせずに漫画雑誌などを店で読みふけっていた。配達のために午後4時にはいったんシャッターを下ろしてしまう。すると「商店街としては困る」と言われる。似鳥と書いてあるので、たまに「焼鳥屋ですか」と勘違いする客もいた。その後はひらがなの「にとり家具」、カタカナの「ニトリ家具」、「ニトリ」などと7度店名を変えた。

店の2階で寝泊まりしていたが、お金がなく、食べるものにも困る始末。一日三食、15円の即席麺ばかり食べていたら、脚気になり、視力も低下してしまった。にこにこ笑って接客していると、歯茎から出血し、気味悪がられる。見かねた母が店に訪れ、食事の面倒を見てくれるようになり、何とか体調は戻った。だが相変わらず商売はうまくいかない。理由は私の性格。そもそも広告会社の営業で何もできずに解雇されたぐらいだ。緊張して体が固まり、汗が噴き出て、鼓動も激しくなる。接客のセリフは考えてあるのに、初対面の客とまともに商談ができないのだ。

8回目のお見合いで出会った伴侶

窮状を見かねた母がある日、こんな提案をしてきた。「結婚すればいい。そうすれば炊事洗濯だけでなく、販売も配送も手伝ってくれる」と言う。好きな女性を連れてこいと言うので、大学時代からの知り合いでお気に入りの女性を母に紹介した。すると母はこう言う。「あの子はいい娘さんね。でも美人はお客さんから嫉妬されるから」と認めず、「愛嬌があり、丈夫で長持ちする人を連れてきなさい」と言う。

お見合いの数はわずか数カ月間で7回。ただ、こちらが気に入っても「長時間労働で親と同居」「店の経営もぎりぎり」という過酷な条件で結婚してもらえる人は少ない。その年の春、8回目のお見合いで出会ったのが今の家内の百百代《ももよ》だ。

百百代は北海道興部《おこっぺ》町出身で、札幌市の洋裁学校で勉強し、妹とアパートに住んでいた。その大家が母の友人という関係から縁が生まれた。ちなみにアパートの大家さんの息子が、大学時代に借金取り立ての仕事を手伝い、乱暴者を演じた私の弟分だ。2回ほど会ったが、百百代は「好きな人がいる」と断ってきた。実は結婚するには早すぎるというのが本当の理由だった。あるとき実家に戻ったところ、なぜか百百代が父と母と一緒にいる。どうやら両親の眼鏡にかなったようだ。

父は「いいお嬢さんじゃないか。結婚しろよ」と迫る。断ってきたのは相手のはずだが、百百代は父母の熱心な説得に応じて、実家を訪ねてきたという。何より家具店を切り盛りすることに興味を覚えたそうだ。両親は「朝までに返事しろ」と強硬で、結局結婚を決めた。24歳の私と20歳の百百代は68年6月16日、札幌ロイヤルホテルで式を挙げた。結婚式を含め、2人で会ったのはたったの3回だ。

百百代（右）と結婚した

家内は愛想がいいだけでない。何でも高校時代は「女番長」だったそうで、度胸も満点。年間売上高700万円が採算ラインのところ、開業当初はわずか500万円。だが百百代は商売上手だった。結婚1年目から1000万円に達した。居住スペースだった2階も売り場にして2年目には1500万円にまで伸びた。結婚した翌年には長男が誕生したが、おんぶして接客していた。

おかげで私は配達と仕入れに専念できた。実はこの役割分担が似鳥家具卸センターを成長させる原動力になった。もし私が販売上手だったら、ただの優良店に終わっていた。私が苦手な販売を放棄し、仕入れや物流、店作りに集中したことで企業として羽ばたくことができた。

内助の功

家内は腹が据わっているというか、私が1カ月連絡しなくても文句一つ言わない。若い頃は両親と同居し、子育て、家具店の手伝いと目の回るような忙しさだった。それで体調を崩したこともあったが、本当に愚痴を聞いたことがない。変な話だが、最初に両親に紹介した美人の「妻候補」の写真がアルバムに貼ってあるが、非難されたことはない。

大学から付き合いのあった女性が結婚した後も店へやってくる。共通の友人が入院し、一緒に見舞いへ行くのだが一言も言わないし、嫉妬もしない。本当に仕事以外は自由にさせてくれて、だから仕事に100％集中できた。「仮に外に子供ができたら、私が育ててあげるわよ」とまじめな顔をして言われたことがある。もちろんそんなことはなかったが。

私も家内の意見ややりたいことは尊重した。かつて母親に言われたことがある。結婚と恋愛は別のものだ。恋愛は短いものだが結婚生活は50年。そこから逆算して恋愛に入ればよい。長期計画が必要だと。「まるでニトリのロマンとビジョンみたいで、会社経営の参考になるな」と感心した。恋愛は目先のことだが、結婚生活は長いスパンで最適状態を導く経営に似ている。

束縛の結果、お互いに嫉妬して負のエネルギーに時間を費やしてはいけない。役割を分担して早めに長期的な視点に立った良好な関係を作ることが大事だ。だから若い頃は飲み歩き続けても家内が文句を言うことはなかった。これがニトリ成長の原動力になったのは間違いない。

家内の加入で似鳥家具卸センターは軌道に乗った。振り返ると「内助の功」のエピソードには事欠かない。結婚して間もない頃、〝こわもて〟の客が「値段を半分にしろ」と怒鳴り出したことがあった。「それはできません」と家内が答え

アルバムに貼ってある美人の「妻候補」

ると、その人たちは土足でソファの上に飛び乗り、真っ黒に汚してしまう。

家内は商品にならないので「弁償してくれ」と頼むと、逆に「俺を誰だと思っているんだ」とすごんでくる。家内も負けていない。お互いに言い争いをしていると、こわもてはついに根負け。「家に取りに来てくれたらソファ代は払うよ」という。そして家内はその人の家に行ってしまった。私は行き先がさっぱり分からず、1人でおろおろするばかり。

あとで家内が戻り、いきさつを聞くと、思わず笑ってしまった。こわもての客の家にはドーベルマンが2匹いて、その犬に生肉を与えて、どう猛さを見せつける。少し家内をびびらせようと思ったのだろう。ところが家内はドーベルマンが肉を食らう姿を見て、冷静に「それ何の肉ですか」と聞いたという。当時の肉は貴重で、牛肉でも豚肉でもめったに食べられず、つい好奇心が先立ったというのだ。

こわもての客は「怖くないのか」と聞くと、家内は「肉がもったいないですね」と答える。相手はすっかり拍子抜け。「おまえいい度胸しているな」と言われ、

社員と小樽でカレイ釣り（手前が筆者）

ソファ代を払っただけでなく、たびたび親類縁者や知り合いを紹介してくれ、お得意様になった。家内は自動車の販売会社やジンギスカンチェーンの社長など金回りのいい人に好かれる性格だったようだ。自動車の販売会社社長は社員もお得意様にしてくれた。おかげで似鳥家具の売り上げは順調に伸び、少し余裕が出てきた。

元彼女にトラック1台分の家財道具

一方の私は腰が定まっていない。仕入れと配達が私の役目だが、レジから黙って金をかすめ、悪友たちと居酒屋で飲んだり、パチンコ屋へ行ったり。まともにパチンコ屋に行くとばれるので、店から100メートル離れたところに配達車を駐車していた。もっとも車には「似鳥家具」と書いてあるので、すぐに見つかり、「毎晩飲んでもかまわない。でもお客さんが家具を欲しがっているのだから、困るでしょう。しっかり配達して」とどやされる。

暑い盛りの日、美人のいる配達先でビールとおつまみが出た。そこに2時間ほどいついてしまった。しばらくして家内を車に置いてきたことを思い出し、戻ってみると家内はいない。慌てて家に帰ったら「別れてやる」と激しいけんまくで、家出のための荷造りをしていた。女性のことではなく、仕事への怠慢ぶりにキレたのだ。このときばかりは頭を地面にすりつけて許しを請うた。

ある日、1人の男性客が店を訪れ、「私は似鳥さんが広告会社時代に付き合っていた女性の父親です」という。共栄興業時代、一時結婚してもいいと思っていたが、友人とも二股をかけ、結局ひどい別れ方をしてしまった女性だ。「あー、思い出しました」と答える。その父親は事業もしていたが、うまくいかなくなり、娘の結婚費用も満足に出せないという。男性は1万円を差し出し、家財道具を一式売ってほしいという。実は別れたときに約束した慰謝料が支払われていないので、その分を家財道具で許してやろうというつもりだった。

私は家内に再び土下座し、過去の経緯を話した。すると怒らずに「それはあんたが悪い」ということになり、好きなだけ持ち帰ってもらうことにした。ほぼトラック1台分で、売り上げ1カ月分に当たる。配達後、家内はこういった。「あんたの小遣い、今月からゼロよ」

旅行中に妻と

家財道具を差し上げた「彼女」とは因縁があったのだろう。1976年に手稲店を開業したときの話だ。店先でオープンの作業中、顔を上げると、何と彼女がいて、目と目が合い、挨拶をした。ただ隣にはそのご主人がいて、次の言葉が出てこない。すると彼女がご主人に「学校の先輩なのよ」と紹介する。男はとっさの時に慌ててしまうが、「女性というのは臨機応変に行動するものだなあ」と妙に感心してしまった。

嘘並べ融資引き出す

さて1号店が軌道に乗り、徐々に事業欲も湧いてきた。だが駐車場もなく、商売には限界がある。そこで2号店を父が経営している似鳥コンクリート工業の所有地に作ることを考えた。そのためには1500万円程度の資金が必要だった。父は「おまえの若さではお金を借りられないよ。もし借りられたら土地を貸してやる」というので北洋相互銀行（現在の北洋銀行）に向かった。

融資担当は「半分は貸しますが、残りは他の金融機関でお願いします」という。後で聞いた話だが、似鳥の信用力では無理なので断る口実だったそうだ。必死に金融機関を駆けずり回ったが、全く相手にしてくれない。あるとき鏡に映る自分を見ると、顔面蒼白《そうはく》で、悲壮感が漂っている。「この顔にはお金を貸さないだろう」と思った。頬紅を塗り、血の気があるように装った。母に言われたことを思い出した。「いつもにこにこしていないといけない」。満面に笑みをたたえ、地元の信用金庫に出向いた。ここが最後だ。準備万端整えて朝一番で門をたたいた。

資金の使い道などを支店長に説明すると、書類をそろえて後日来てほしいという。そこで一芝居打った。「今日決めてほしいんです。北洋さんや北海道拓殖銀行も貸したいと言っています。一番近いし、親近感があったので取引をしたいと考えただけです」と嘘を並べ立てた。当時の融資で500万円以上というのは信金には大きな決断だが、こちらの自信満々の姿勢に賭けてみようと思ったらしい。その日に決裁するには午後3時までに決めないと融資はできない。「ちょっと待って下さい」。支店長や支店長代理らは延々と会議を開き、協議をした。結局、支店長が本店に掛け合い、融資を決めてくれた。

融資がOKになり、父は「本当か」と驚きながらも約束を果たした。71年、札幌市北28条東1丁目に2号店となる北栄店を出店した。250坪の店で、北海道

1971年にオープンした2号店の北栄店

では初となる郊外型の家具店。当時、一番大きい家具店の2倍の大きさだ。自動車も6台駐車できる。この店が驚くほど売れた。金利負担がもったいないので信金には2年後には借入金を返済した。支店長は「クビにならずに済んだよ」と笑い、その後、栄転していった。それ以降、信用金庫からお金を借りることはなかった。

わらにもすがる米国視察

72年に資本金300万円で株式会社を設立。当時は上場することなど考えていない。株は適当に家族に分けた。もっともこのやり方が騒動の元になるのだが、その話は後ほど。店が増え、会社も作ってからまもなくのこと。2号店から500メートルぐらい離れた場所に1200坪の家具店が出店した。とたんに売上高が20％減、30％減と落ちていった。資金繰りは悪化していく。赤字になり、金融機関から融資をストップされる。取引先への支払いも延ばしてもらった。苦労して手に入れた借入金を信用金庫に返済するんじゃなかった――。このままでは倒産する。もう鬱状態になり、死ぬことばかり考えていた。

憂鬱な日々が続く中、家具業界のコンサルタントを務める人物から、米国の家具店を視察するセミナーの話を持ちかけられた。苦境を脱出するため、わらにもすがる気持ちで50人あまりの同業者などと視察に参加した。費用は40万円。懐事情を考えると、厳しかったが、何とか工面した。27歳の時だ。

ハワイ経由で米国西海岸に降り立った。百貨店の「シアーズ」の家具売り場や家具専門のチェーンストア「レビッツ」などを見て回ったが、店舗とモデルルームの視察でまず驚いた。洋服タンスや整理タンスなど日本でおなじみの箱物家具がない。米国の家ではクローゼットの中に組み込まれているからだ。参加者は口々に「米国と日本は違う世界だね。食生活も文化もすべてそうだ」というが私はそうは思わない。「同じ人間がやっているんだ。日本人も便利さや安さを今以上に求めるはず」

そう考えると目に映る店のすべてがとても貴重な情報に思えてきた。品質や機能も素晴らしいし、用途や価格帯も絞り込まれている。米国の家具は色やデザインがしっかりとコーディネートされ、ダイニングやリビングも豪華で美しい。日本はメーカーが作った商品を並べて売っているだけで、お客様にセンスがないとちぐはぐなコーディネートになる。

米国視察で目覚める

しかも米国の家具は日本の価格の3分の1と安い。すなわち実質的に米国の所得は日本の3倍あるということを意味するわけだ。米国の豊かさはモノの値段から来ていることを初めて理解した。「日本でも米国の豊かさを実現したい。自分の力で給料を3倍にすることはできないが、価格を3分の1に下げることはできるかもしれない」。そんな気持ちがふつふつと湧いてきた。これまでの自分の悩みがちっぽけなものに思えてきた。帰国し、参加者の中で気のあった仲間と話し合った。「米国風のまねをしてみよう」。顧客のニーズを先取りすることで、競合店にも勝てる。結局、実行に移したのは私だけだった。現実にとらわれず、素直に実行することは私の持ち味だ。

そういえば米国視察では一つトラブルがあった。シアーズ店長による通訳を通したレクチャーを受けたとき、感動しながらも眠ってしまった。目が覚めると誰もいない。ホテルの場所も分からず、旅行会社も迎えに来ない。英語は当然できない。ショッピングセンター中を探し回ったが、見つからない。「このままのたれ死ぬのではないか」。あのときは本当に不安だった。

2号店の経営が思わしくなく、わらにもすがるような気持ちで参加した米国視察ツアーで、私は間違いなく覚醒した。米国のような豊かな生活を日本で実現したい。そのための企業に育てようという明確なロマンが芽生えたのだ。帰りの機内でこれからの自分の決意表明を決めて、実行することをメモ書きした。

米国は今日の豊かさを作り上げるのに120年かかった。日本でそれをまねするだけなら、60年でできるはず。しかし60年だと90歳近くになってしまう。そこで60年を2期に分け、前半の30年で何ができるのかを考えた。最初の10年は「店作り」、次の10年は「人作り」、その次の10年は「商品作り」だ。漠然としながらも、長期計画を初めて作った。私は勉強ができない。中学も高校もいつも最下位グループだった。人生を切り拓くには実行力しかない。

米国の家具店を視察

3号店出店へ粘りの交渉

ライバル店の出店で苦しんだが、やられたらやり返す。札幌の東西南北に敵を取り囲むように店舗網を作ろう。帰国後、闘争心が湧いた。日本では5店ぐらいが限界と言われたし、自分もそう思っていた。まずは10店だ。豊かな生活実現の前に相手をつぶしてやる。早速3号店を作ろうと土地を物色した。すると札幌市麻生《あさぶ》に角地の好物件を見つけた。当時は賃借ではなく、出店地は購入するしかない。

その土地は好立地で、近くに広くて、有力な街道が通っている。流通企業などにとっては垂涎の的だ。ただ「難攻不落」の土地として有名だった。地主の4人兄弟が所有しており、売却話になかなか首を縦に振らない。お願いに行くと、地主の長男が段ボール箱に山のように入った名刺を見せる。すべて買収を申し入れて断られた人のものだった。そこで「私は米国のような豊かな暮らし作りをお手伝いしたい。土地はそのための拠点にしたいんだ」と熱弁を振るった。視察ツアーでの話をとうとうとした。写真などを見せ、「言い値で買います」と伝えた。

大事な交渉は売り上げやもうけの話ばかりではダメ。「人のため、世のため」というのが気に入られたようだ。長男の地主が納得して、兄弟を説得してくれた。もっとも坪35万円だった。相場より15万～20万円ぐらい高い。土地代は当時の似鳥家具の年間売上高の半分近くに達するが、採算のことなんか、何も考えなかった。「絶対に当たる」という勘だけが頼りだった。おかげで周辺の不動産会社から「相場を壊す。どうしてくれるんだ」と散々文句も言われた。

もっとも資金はない。それどころか仕入れ代金の支払いを繰り延べしてもらうような状態で、倒産の噂も立った。苦しい状況で融資をお願いしても受け入れてもらえない。攻めていくという姿勢で融資を引き出そうと決めた。北洋相互銀行

（現北洋銀行）へ出向き、「3店目をやるから」とお願いした。支店長は「つぶれるような状況なのに、とんでもない」。業績が悪いわけだから初めは断られた。

それでも、「いい場所だから」とすがり、地主相手と同じように米国の話をしながら説得に説得を重ねた。相手の都合は関係ない。もう借りることは決めているから。もはや米国視察に行く前の発想と行った後の発想は違う。リスクなんて頭にはない。攻めることしか考えなかった。支店長をその場所に連れて行くと「確かに好立地だ」と納得し、融資を認めてくれた。

交渉事は断られてからがスタートだと考えている。大半は3回断られたら、やめてしまう。私は4回目からが本番だと考えるようにしている。もっともしつこいだけじゃダメ。愛嬌《あいきょう》と執念が大事。これはヤミ米販売時代の母の指導のおかげだ。銀行から融資を認められ、73年、10台分の駐車場を備えた麻生《あさぶ》店が開業した。

もともと安売りのイメージを出すためだけに「卸センター」を掲げてきたが、大きく変更した。当たり前だが卸もしていないし、センターというほど大きくな

3号店の麻生店が成功

い。きちんとした名前でまっとうな商売にしようと思い、「詐欺」のような看板を下ろした。一方で、米国の影響もあり、外観は派手な色を施したデザインに一新した。ニトリ家具の誕生だ。

お札に似たクーポン券が問題に

勝負をかけた麻生店。とにかくたくさんのお客様に来店していただこうと、開店イベントに知恵を絞った。まず最寄りの地下鉄駅から幅90センチメートル、長さ50メートルの赤いカーペットを敷き、たくさんののぼりを立てた。同時に駅で砂糖を無料でプレゼントするクーポン券を大量に配った。

ところがこのクーポン券が問題になった。表に当時の1万円札のデザインを施し、裏に砂糖引き換えなどと記した。実はサイズも1万円札と同じで、紙幣偽造の罪に問われるというのだ。印刷会社も大らかで1万円札のクーポン作成を頼むと、リスクなんて一切考えない。「面白いですね。やりましょう」という感じだ。

警察が「出頭しろ」と言うが、怖くなって逃げ出してしまった。だが父が「こんなことで捕まるなんて代々の恥だ。出頭に応じて釈明しろ」と言う。渋々警察へ出向き「本当にこれが罪になるなんて知らなかったのです」と頭を下げ、無罪放免となった。

このほか麻生店のオープン時には隣の敷地を借りてチャリティーオークションも開催した。北海道で人気の漫才師を司会者に起用したら、初日は渋滞だらけで大混雑。私も2階に上がれないほどのにぎわいだ。やはり最高の場所だった。

融資してくれた銀行の支店長も喜んでくれ、「これで助かった」と胸をなで下ろしていた。1年目は初期投資でさすがに赤字だったが、2年目には黒字化に成功した。

話題になったゴリラのＣＭ

集客には目を引くような宣伝が欠かせない。そのノリで作ったのが１９７５年に始めたゴリラのコマーシャル（ＣＭ）だ。この頃、映画で「キングコング」がヒットするなど、ゴリラが話題を集めていたからだ。「一度見たら忘れられないゴリラのＣＭを作りたい。人間が出演するよりインパクトもある」と思い、わざわざ映画会社から本物のゴリラの着ぐるみを格安で借りて、自分でシナリオを書いた。

オスとメスのゴリラを想定したが、２体とも同じ形なので差が分からない。そこで生地を購入し、オス用の青いパンツと女性用のピンクのパンツとブラジャーを作ってもらった。だが生地が足りなくなり、オス用のパンツは短く、半分脱げているようなひわいな格好になってしまった。

とにかく撮影をスタート。1作目は寝る前の夫婦のゴリラの様子を描いている。化粧台でおしろいを塗るメスを見ながらオスが「うちの家具、ニトリの家具。俺、男前のゴリラ。俺のカミさん、もちろん美人のゴリラ」と語る。そしてオスが「することと人間と同じ」と話しながら2匹はベッドインする。ちょうどこのCMで提供した番組がカップルを作る「パンチDEデート」だった。番組とパンチの効いたCMの親和性が高かったのか、ゴリラCMは話題を呼んだ。

別のパターンでは、ベッドに寝ころびながらオスゴリラがなぜか関西弁で「ほんま、ええなぁ。この家具」と言うと、メスゴリラが「イタリア製やさかい、高いねん」と答える。再びオスが「なんぼやねん」と問いかけると、「3リラ、4リラ、5リラ。ちょうどゴリラやわ」。そして「夢の世界を演出する家具のニトリ」というナレーションとともに、やはり2匹のゴリラはともにベッドインするという内容だ。このCMは似鳥家具の知名度アップにいくらか貢献した。

着ぐるみの運搬、撮影など広告会社に頼まず、自社で制作した。業務はできるだけ内部でこなす自前主義はこの頃から培われていたと思う。

私らしいと言うか、このゴリラＣＭでもオチがあった。朝の番組でオスとメスのゴリラが折り重なるパターンのＣＭを放映したら、「子供が見ているのに、なんて不謹慎なＣＭ」と視聴者から大量のクレームがついた。結局、ゴリラＣＭは中止に追い込まれてしまった。

それ以降も、オープンイベントには工夫を凝らし続けた。77年の月寒《つきさむ》店のオープン前、北海道大学の探検部が気球で津軽海峡を渡るというニュースを見た。これは使えると思い、気球が飛んでいるＣＭを放映。オープンの日には店舗前で気球に来店客を乗せて、浮かせたこともあった。もっとも気球に許可なく人を乗せることは禁じられており、警察から大目玉を食らった。

78年の厚別店のイベントでは日本一の大きさの太鼓という鬼太鼓《おんでこ》を借りてきた。直径2メートル、長さ3メートルもある太鼓で、これを従業員が二手に分かれ、オープンセレモニーで曲打ちを披露するなど、とにかく顧客の目を引くイベントにこだわった。

断食で自己改革

とにかく「日本を豊かにする」ためという志が明確になった。ニトリを拡大し、日本の発展に貢献したかった。そのためには30歳からは厳しい時代を迎えるだろう。自分を甘やかしてはいけない。普通の生活をしているだけではダメだ。そこで荒行に堪えられるように断食道場に入った。

人間には色々な欲望があるが、一番厳しいのは食を断つことだからだ。北海道にはないので、本州の道場に入った。そこには医師の資格を持った人もいて、受け入れ体制もしっかりしていた。水だけの生活をしていると、最初3日間は苦しいだけ。ところが4日目に入ると、色々なことが頭を駆け巡るようになる。

なぜ自分は生きているのだろう。厳しかった両親や兄弟、社員のおかげで生かされている。そして土、水、太陽の恵があり、生存できる。どれが欠けても自分が生きていくことはできない。「俺はわがままだった。社員にもきつく当たってしまった」。反省心が浮かび、自然に深く感謝するようになった。「これからはみんなのために生きるんだ」と。涙が止めどなく流れ、その思いをメモに残した。

不惑となる40歳までやろうと思ったが、結局惑いっぱなしで45歳まで断食を続けた。分かったことがある。仕事というものは、エゴやプライドによって相手の立場を忘れてしまうと失敗する。欲があるうちはダメだ。無になるしかない。断食をしているうちにそんな境地に達した。大した経験もないのに、過去の自分の成功体験や欲があるからダメなんだ。いかに顧客の立場に立てるか、立てないか。そのためには自分をゼロにするしかない。

私なりに自分の経験には自信がある。だが最初に経験でものを語らない。まずは顧客にとって必要なことは何かを突き詰める。その上で自分の経験で判断し、決断する。「業界ではこうだった」とか「自分の経験ではこうだった」とか、最初に過去の成功方程式を出したら終わりだ。私は20代の女性、子供など老若男女、性別関係なしに色々な顧客の立場に立てる。苦労が足りない人ほど、自分の乏しい経験で結論を出したがる。だから若い頃には厳しい下積み生活が欠かせない。私はゼロになれる自信がある。そしてみんな平等。これがニトリの経営スタンスで、グローバル化するための条件だと思う。

倒産品を買い付け、安売りで勝負

さて3号店となる73年開業の麻生店（札幌市）は成功を収めたが、軌道に乗るのはまだ先の話。創業期は本当に苦難だらけだった。売上高はまだ4億円。まだ吹けば飛ぶようなベンチャー企業。ニトリの知名度を上げるには安売りしかない。当時は問屋の力が強いし、他社より安く仕入れることは難しい。北海道には有力な4社の問屋があり、好意的なのは1社だけ。仕入れには本当に苦労した。

安売りのため、創業間もない頃に目をつけたのは倒産品だ。札幌市北区に倒産品を扱っているところがあるという情報を聞きつけ、現地へ向かった。仕入れ値は通常より3～5割安く、即売している。「ニトリは買いっぷりがいい」というので出物がどんどん集まってくる。置き場所もないので、札幌市内にある数カ所のタマネギ倉庫を借りて、どんどん集荷するようになった。そういえば起業時にお世話になった問屋の本多興産も倒産した。ここで発生した倒産家具も買い集めた。

「もっと安い商品はないか」。全国にも目を向け、倒産品や資金に困っているメーカーを探し求めた。当時、『赤いダイヤ』という小豆相場を巡る経済小説が話題だった。私も相場師になった気分で腹巻きに50万円ほどを入れて、知人を1人連れて資金に困ったメーカーや問屋を回った。すでに複数店舗を運営していたので低価格品はすぐにさばける。それどころか、競争相手である百貨店や専門店などにも卸していった。

とにかく全国を回った。津軽海峡を越え、新潟、群馬、静岡、広島、九州と南下していった。電話ではなく、直接現地へ行くとさらに安く買える。最終的には九州の産地まで巡り、商談終了後は相棒と2人、温泉で毎日のように芸者を上げてのどんちゃん騒ぎだ。まだまだ遊び盛り。この頃は本当に楽しかった。

倒産品のおかげで「安売りのニトリ」の評判は高まっていったが、次第にトラブルも増えていった。あるとき、九州で買い付けた婚礼タンスなど家具を20トントラックに載せ、函館で運賃を払い、札幌まで運んでもらう手はずを整えていた。ところが札幌の社員から「まだトラックが到着しない」との連絡が入る。トラックは函館に到着したが、運賃と家具を載せたまま、雲隠れしてしまった。結局商品は手に入らず、損失を出した。

だまし取られた家具を買ってしまい、「こわもて」の人々から脅されたこともあった。かなり危険な人物だったようだ。逃げようもなく面会したら「おまえ、いい度胸しているな」となぜか気に入られ、手打ちとなった。結局、こわもての人は数カ月間、札幌に滞在し、飲み食いのお付き合いをした。さすがに倒産品はリスクが大きい。

中には、わざわざ工場まで作って、計画倒産をするような詐欺集団も登場した。警察に問い合わせると、結果的にニトリが詐欺集団の片棒を担ぐような形になると言われた。いわゆるワケありの安い商品を扱う「バッタ屋」稼業からは手を引くことを決めた。そこでメーカーを全国行脚し、直接取引できる会社を探し歩いた。

腹巻きに現金入れ商談

店頭価格を一律に

もっともメーカーから直接仕入れると、問屋が黙っていない。ただ店が増えていったことで販売力がついた。このためメーカーから直接家具を買い取る事も可能になり、仕入れ先も次第に増えていった。この頃、仕入れの半分はメーカーからの直接仕入れだったと思う。例えば商売の少ない冬や真夏にメーカーに仕入れに出かけた。メーカーにとっても閑散期に現金は欲しい。そこで問屋にばれないように夜遅く工場へ向かい、現金を片手にメーカーと交渉した。問屋にばれると取引は停止。まるで「指名手配」の犯人のようだった。今のようにニトリで商品を企画し、海外から輸入する経営になるのはまだまだ先のことだ。

売り上げを増やすために、一般客にも掛け売りを始めた。まず家具を届けてから、代金を後で3回くらいに分けて回収するという方法だ。当時は、クレジットなどが一般的でなかったのでお客様に喜ばれ、売り上げを伸ばすのに成功した。

だが、たまに全くお金を払わない客が出てきた。夜逃げとかする客もいる。1カ月の売上高の3割に達したこともあった。こうした客を探すのに苦労した。学生時代の取り立てと違い、今度は自分がサングラスをかけ、「こわもてのお兄さん」を演じる。ありとあらゆるツテをたどって探すのだが、おおむね札幌市内に逃げていた。もちろん逃げた客はだいたいお金を持っていない。仕方ないので売った家具を取り上げるわけだ。

最初からお金を払わない会社もあった。大声を張り上げながら代金回収に取り組んだが、どうも相手は本物のこわもての人たち。こちらも「はったり」をかましながら交渉するが、エネルギーを著しく消耗してしまう。

あるとき、販売先の会社が倒産し、未払い金の回収へライトバンで向かった。だが2、3日たっても倒産会社の社長は戻らない。張り込みをしようとパンと牛乳を食べながら車内で寝泊まりしていた。朝方、ようやく倒産企業の社長を捕まえ、販売した家具を回収するとともに、土地の一部を差し押さえることができた。

無事代金は回収できたが、こんなことを続けていても経営は安定しない。そこで掛け売りは一切やめた。嫌な思いもしたくない。同時に値段をスーパーのような同一価格に変更した。

まだ家具の値引き販売が主流の時代で、この価格戦略は画期的だった。それまで客の様子によって表示価格の2割引にしたり、3割引にしたり、ころころ変えていた。だがある客が「隣の人が3割引で、こちらが2割引はおかしい」と抗議し、返品してきた。確かに不公平なので、見直すことにした。とにかく1本価格で安さを追求することにした。他と同じことをやっていては生き残ることはできない。

営業部長が商品横流し

古い経営を見直しても、まだまだ安定しない。麻生店が開店した頃、地元百貨店の家具売り場の責任者を営業部長としてスカウトしたところ、再び会社倒産の危機を迎えた。営業部長が仕入れ価格を水増しして、自分の懐に入れていたのだ。大事な業務をあっさり新参者に任せてしまう私は本当に脇が甘い。店頭価格がじわり上昇し、客足も低下。売り上げは下降線をたどった。

ある取引先から「お宅の営業部長から賄賂を要求されて困っている」という話を聞いた。実際に調べたら、賄賂を断った問屋は打ち切られていく。一度問い詰めたら、「冗談じゃない。会社のためにやっているのに、なぜそんなことを言うのか」と逆ギレしてくる。

「おかしな話があるよ」。昔の会社の仲間からも通報があった。札幌競馬場に「ニトリ家具」と記したトラックがあり、その運転手が昼間から競馬をしているというのだ。「おかしい。今、配達に行っているはずだが」と思い、戻ってきたトラックを見ると馬券がひらひらしている。

さらにひどい話がある。会社の商品を多めに持って行き、札幌から離れた石狩市などで売っていたのだ。それも市価の半分という。石狩市は父の出身地で、親戚も多い。だから不正販売が露見した。

社内犯罪の根は深かった。営業部長だけではなく、20人の社員のうち、私と身内、一部の社員を除く16人が連座していた。ある夜、私の家に酔っ払った営業部長がやってきて、ドアをどんどん蹴る。家に上げると「俺を疑っているらしいが、証拠がないだろう。社員もみんな仲間だ。逆らったら会社をつぶすぞ」と脅す。倉庫係まで取り込まれており、手の施しようがない。私と家内は目の前に座らされる。

たまたま家にあった洋酒「ナポレオン」もすべて飲み干された。米国視察時に奮発して買った楽しみだったのに、一滴も飲めなかった。経理部長もひどく、手形を金融会社に持って行き、現金にして懐に入れてしまう。

私と営業部長はそれぞれに社内の味方を増やそうと、お互いに社員に飲ませ食わせの大盤振る舞いをした。もう奪い合いだ。すると調子に乗った社員たちは「懇親会を開きたいのですが」と飲み代を請求してくる。断ると営業部長側についてしまう。交際費はうなぎ登りだ。眠れない日々が続いた。店の販売員も売上げを懐に入れる始末。再び資金繰りの危機を迎えた。「これはつぶれる」。このままつぶれたら一生後悔する。「やるだけやってつぶれてやろう」と腹をくくった。

私の経営の甘さから起きた問題だ。数少ない社内の仲間4人に「闘うから」と宣言した。社長なのに他の社員の目を逃れるようにこっそりと調査を始めた。証拠を集め、不正をした社員を1人ずつ辞めさせていった。もちろん営業部長側は脅してくる。「何をやっているんだ」と言うが、「つぶせるならどうぞ」とかわす。

会計士を入れ、経理をチェック。1年ぐらいで不正を犯した社員を一掃し、横領した経理部長と営業部長も解雇した。融資を渋る銀行にも事情を説明し、「内部の問題がありましたが、何とか立て直します」と説得した。取引先にも一社一社出向き、頭を下げた。残った社員は5人と4分の1に減った。

面白いことに社員数が激減しても売り上げは落ちず、利益率が大きく改善した。ちなみに74年の売上高は5億円で、経常利益は前年の2倍となる2000万円だった。

エアドーム店騒動

「家業の時代」と位置づける70年代前半は本当にドタバタの連続だった。思い出深いのは75年に開業した札幌市郊外の南郷店だ。麻生店は順調だったが、新規出店をどんどん進めていくほどの資金はない。まだまだ知名度も低く、金融機関も簡単には貸してくれない。土地を借り、安い費用で店を作るしかない。プレハブのような仮設型の店舗では大きさに限界がある。

そこで思いついたのが米国視察で見かけた東京ドームのような日本初のエアドームの店だ。ドームを扱う代理店と輸入契約を結んだ。

低コストで出店できるドーム店というアイデアをひねり出したが、それでも資金は足りなかった。困っていると知り合いの税理士が「親戚に信用金庫の理事長がいるので、紹介しよう」という。担保もなかったのだが、税理士は「任せておけ」と自ら保証してくれ、借り入れに成功した。その税理士にはお世話になったので、当時の300万円の資本金のうち、15万円分をただで差し上げた。ちなみにその株は現在の価値だと数百億円ぐらいになっている。

安く出店するはずだったが、ドームの価格は想像以上に高い。しかもオープン2カ月前なのにドームが届かない。代理業者の手違いで製造元への代金が未払いのままだったからだ。船便では2~3カ月かかり、間に合わない。テレビで宣伝も始めており、オープンできなかったら信用問題になる。米軍機をチャーターして緊急空輸を実施する羽目になり、500万円もかかってしまった。基礎工事はできていたが、ドームが到着したのは5日前だった。

1000坪の場所を見つけたが、仮設物だと1年で撤去しなければならない。それでも「建ててしまえば、取り壊せない」と地主を説得し、賃借に成功した。設計工事は北海学園大学の同級生で、建築会社の役員をしている多田康郎さんに頼んだ。「これでお願い」と指を4本立てた。ドームが予想以上に高く、40万円のつもりだったが、多田さんは400万円と思いこんでいた。

そうとは知らず多田さんは北海学園の野球部の後輩などを集め、設営もしてくれた。支払いの段階で気づいたが契約書もなく、お金もないので40万円のまま。多田さんは責任をとって設計会社を退社してしまい、私は多田さんの独立を支援することになった。今もニトリの店舗設計などをお任せしている。

トラブルは続く。厳寒の12月、徹夜続きで何とかドームの店は完成した。喜びもひとしおだが、オープンの朝、社員から電話がかかってきた。「社長、店がありません」。意味が分からず現場に駆けつけると前日の大雪でドームがつぶれていたのだ。社員だけでは足らず、問屋やメーカーにお願いして、除雪作業を進め、埋もれたドームを掘り起こし、再び膨らませた。

復旧は進まないが、お客さんは集まってくる。ようやくドームが完成したが、商品の多くはドームの倒壊で損傷している。仕方がない、午後になり、こう銘打ってオープンした。「開店記念　傷物　半端物大会」。これが大成功だった。その日から問屋やメーカーから傷物を仕入れて、オープン3日間は大繁盛した。

だがその後は失敗だらけ。ライトをつけても店内は明るくならないので、サーチライトをつけたが、目に入ると、とてもまぶしい。そこで「下を向いて入ってください」と店内放送をすると、「つえをついて歩けというのか」などと怒りを買う。しかもサーチライトの店内で購入した家具を持ち帰ると、色が違って見える。しょっちゅうクレームが来るので何かアイデアがないか困っていると、大通公園の街灯を見てひらめいた。

「これをつければいいじゃないか」。店内に街灯を立てることを決め、電気工事をやっているおじさんに頼み、100本くらい街灯を立ててみた。少し改善したが、解決には至らなかった。このためいちいち店の外に商品を出して、色を確認していた。

商品をストックしている倉庫に2・5メートルの鉄の扉が付いている。開けるときはいいが、閉まるときは気圧で「バターン」と閉まる。気をつけないと扉につぶされてしまうのだ。商品を出し入れするが大変で、気が休まらなかった。

時々、従業員が扉で圧死して、謝罪会見する夢を見て、飛び起きたものだ。

雪の重みでテントが下がるのは当たり前。冬になると除雪で電信柱が折れ、停電になることが多い。すると空気圧が低下し、ドームがしぼむ。「屋根が落ちてきます。避難してください」と呼びかける。土日になると大変。来店客は「ぎゃー、ぎゃー」と騒ぎながら、入り口に殺到してパニック。しかも回転扉だから一斉に店から出られない。まるで漫画のような世界だ。

雪が積もると、上は比較的平らなのでなかなか落ちてこない。圧力を高めても重みでドームがしぼんでくる。そこでロープで上に登り、雪下ろしに向かう。だが軽くなるとドームにはじかれて、落ちてしまう。そこで窒息し、心肺停止になった社員がいた。本人は息を吹き返したが、それからまもなく自動車事故にも遭遇、1カ月ほど入院した。当人は「ニトリにいるとついていないのでやめる」と退職。その後はススキノでギターの流しをしていた。

夏は店内が40度を超え、サウナのような状態で、滝のような汗が噴き出る。冬は零下10度で凍えるように寒い。そこで社員には夏に「赤道手当」、冬には「北極手当」を５０００円支給した。トラブルには事欠かないエアドーム店だったが、しぶとく5年続き、その後はテニスコートにして賃貸した。次の出店に弾みもついた。手稲富丘店、月寒店と札幌市内に店舗を広げた。

この頃から借地法も変わり、20年契約で借りた土地を返却できるようになった。そこでオーナーに建物を建ててもらい、ニトリが支払う賃料でその費用をまかなうという方法を考えついた。

手稲富丘店も苦労した店の一つだ。立地は最高だが、小高い丘と雑木林に囲まれ、地形は店舗には向いていない。そこで「それなら丘を削ればいいじゃないか」とひらめいた。社員は金もかかるので猛反対したが、４００坪の土地を購入。本当に丘を削り、店を76年にオープンした。いい場所なのだから、問題点については後で対処すればいいというスタンスだ。まずはゴールから考える。今でもわが社の大事な企業文化となっている。

エアドームを利用した南郷店

第5章
師匠の教えを指針に

人生の師、渥美先生との出会い

話は少し戻るが、1973年に旭川市のメーカーの元へ仕入れ交渉に行ったときの話だ。応接室でチェーンストア経営についての書籍を見つけた。そこには私が悩み、苦しんだことへの解答が科学的かつ論理的に書いてあり、とても驚き、感動した。多店舗化も始めたが、勘と度胸だけが頼りだった。失敗ばかりだと時間もお金も労力もかかる。「学んだとおりやれば、もう失敗しない。無駄なことをしなくてもいい」と素直に信じた。

著者は渥美俊一氏。東京大学法学部を卒業した後、読売新聞記者を経て経営コンサルタントになった人物だ。記者時代、休みの日は全国の企業を訪問し、その

大きな影響を受けた渥美俊一先生（右から２人目、左端が筆者）

数は2000社に上った。そして同志となる有力企業を集めたようだ。チェーンストア研究団体のペガサスクラブを設立し、ダイエー創業者の中内㓛氏やイトーヨーカ堂創業者の伊藤雅俊氏、ジャスコ創業者の岡田卓也氏らに大きな影響を与えた。

100店、200店を運営することでバイイングパワーを獲得。メーカーではなく、流通業が価格の決定権を握ると同時に、消費者がコーディネートできる商品を作らせることをイメージしていた。「商業においては日本はまだ統制国家だ。流通革命を起こし、日本に経済民主主義を植え付ける」というのが渥美先生の夢だった。

何とかペガサスクラブに入れないか考えていたところ、勉強会で知り合った札幌市郊外でカー用品店を営む社長がクラブに加入していた。入会方法を聞いて78年に正式に加盟した。社名も「ニトリ家具」に変更した時期だ。毎月東京へ行き、社員にもチェーンストア研究のシリーズ本を読ませた。毎月試験があり、講習終了後に居酒屋などで侃々《かんかん》諤々《がくがく》の議論をした。

チェーン経営導入へ猛勉強

この頃は、厚別店や川沿店など札幌市内で着々と店を増やした時期でもある。だが経営は教科書通りにはいかない。理論上はきっちりした作業計画に従ってローコストで店舗を運営しなければいけないのに、うちの会社は非科学的で、行き当たりばったりの人海戦術だ。作業手順もばらばら。当時の私は長時間労働の「がんばれ主義」だったが、チェーン経営はがんばらなくてもできるようにする手法。全く逆だった。

年に2回、春と秋に泊まりがけの政策セミナーが箱根で開かれる。異業種の社長や幹部と話すのはとても刺激的だった。500人ほど参加していたが、壇上に立つ渥美先生は「この中でものになるのは100人に1人だな。これは人類の経験法則だ」と厳しく言い放つ。

渥美先生の講義は現場経験がないのに壇上で上司と部下のやりとりする姿を実演する。話術の天才で、落語や漫才のようにユーモアがあり、聞きほれた。一方で先生は「聞きほれるな。聞いているだけではすぐに忘れるのだから書け」と指導する。だから書きっぱなし。ノートがたまり、それを再びまとめる。成功している中内さんたちもどんどんメモし、寝る暇もなく勉強していたようだ。そういえば先生はこんなことも話していた。「1社だけでがんばっても仕方がない。みんな同志なのだから合併した方がいい」

当初は年に3、4回、セミナー後の講義を聞きに行ったが、後に月に1回と増えていった。ペガサスクラブは中内さんなど年商50億円以上がAクラス、それ以下がBクラスに分けられていた。もちろん私はBクラス。早くAクラスの仲間入りをして、一緒に講義を受けたいという思いが強かった。

講義終了後、玄関でAクラスの人が出てくるのを待ったものだ。もう姿を見るだけで幸せ。「どの人が中内さんなの」「あれが伊藤さんで、岡田さんだよ」。中内さんは釣り用のベストを着て、胸にはたくさんの鉛筆が入っている。「成功している人は違うなー」と勝手な想像もする。まるでミーハーが大スターを仰ぎ見るように、どきどきしていた。

もっとも渥美先生の経営理論は実践が難しい。商圏分析もきめ細かい。単純な距離だけで分析することは禁じられた。「自動車で何分かかるのか。ただし店と住宅地の間に鉄道や川があれば、商圏の性格は変わってくる」などだ。

人口構成や特徴、地理的条件などに応じて分類し、5年後、10年後、15年後、20年後と人口動態を予測する。そして競合店はどうなるのかも加味する。その上で20年後までの経営計画を立てる。計画を作っても方向感を誤り、過剰な設備投資でつぶれる会社もあった。成功するか、倒産するか。「ペガサスクラブ加盟社に中間はない」とも言われた。

当時は理解できなかったが、店舗網が広がってからは忠実に実践した。現在のニトリの店舗の平均年齢は6歳以下に保っている。一度オープンした店でも出店先の町は5年、10年もたてば、人口や社会インフラなども変わってくる。このため顧客が集まりやすい場所に移転するなど、リセットする。ニトリが成長しているのは店舗の若さを保っているためだ。通常のチェーン店は利益が出ていると、移転や拡張投資は後回しにしてしまう。先手を打って、時代の変化に対応しておくことが成長を続ける条件と言っていい。

店舗年齢論は渥美先生から学んだことだが、これを私なりに味付けした。店舗年齢を4倍すると人間の年齢のようなイメージになる。店舗年齢が6歳なら24歳、10歳なら40歳、15歳なら60歳。だいたいこれで定年だ。店舗年齢が20歳ぐらいの店を運営するチェーン店もある。もう80歳だから本来は死を迎える。企業も人も常に若返る努力が欠かせない。

もっとも入会して間もない頃、私は学生時代同様、ペガサスクラブでも成績は悪い。それでも先生は「うさぎより亀が勝つ」というのが口癖だった。「賢いやつは慢心するし、できると怠けたりする。素直に柔軟にこつこつとやるのが大事だ。鈍重たれ」と話していた。

　確かに経験からいっても小才があり、早めに店長になる人間は、次に店長になるとき、飽きてやめてしまうこともある。だが鈍重なタイプは現場で訓練され、5年後、10年後に力を発揮する。父から「のろまで頭が悪い」と言われていただけに、この言葉は勇気を与えてくれた。

札幌視察で先生に叱られる

渥美先生が主宰するペガサスクラブに入会して2年後の80年のこと。渥美先生が北海道へ講演に来るというので「一度店を見ていただきたい」とお願いし、了解を得た。私が運転し、後部座席で常務が応対していた。だが常務は渥美先生の質問に答えられないことも多く、運転席から私が代わりに答えた。

渥美先生は勘違いし、横に座る常務に「君、社長なんだろう。なぜ質問に答えられないんだ」と言う。そこで運転席から「社長は私です」というと先生は激怒した。「なんで社長が運転しているんだ。移動中からもう問答は始まっているんだ。ふざけた会社だ。俺は帰る」

車を止めたら本当に帰ってしまう。私はまずいと思いながらもこのまま帰すわけにはいかない。先生は「貴様、止めろ」とドアを開けようとするが、そうさせないように無理やり車を走らせた。

ようやく目的地の厚別店に到着。入店してからも渥美先生はすこぶる機嫌が悪い。「すいませんでした」と謝っても返事をしてくれない。店舗を歩きながら「何だ、この緑色のカーペットは」と指摘する。私は「芝生のイメージでありまして、歩きやすいかと思ったのですが」と答えると、先生は「何を言っているんだ。薄い色でないと商品が目立たなくなるだろう」と厳しく指導される。

視察中は「あれもなっていない」「これもなっていない」と言われ続け、こちらも頭は真っ白。先生の質問には何一つ答えられなかった。

怒り疲れた先生は「休む」と言って、コーヒーを注文した。社長が罵倒されて、静まりかえる店内。女性販売員が緊張で震え、運んできたコーヒーはトレーの上で揺れながら「ガチャガチャ」と大きな音を立てていた。「静かに」と言っても女性の震えは止まらない。それを受け取り、先生に渡そうとしたらこっちも震え、やたらと大きな音が鳴り響く。その光景は今も鮮明に記憶している。

先生は「とにかくどうしようもない。教える価値がない。時間の無駄だ」と言い放ち、帰ってしまった。実際にその頃は経営も行き当たりばったりで、討論できる材料も出せなかった。

ペガサスクラブから逃げ出す

罵倒された私は先生が怖くなり、ペガサスクラブから2年ほど足が遠のいてしまった。改めて米国にも行ったり、海外の専門書を輸入したり、自力で経営プランを作ろうと模索した。

別のコンサルタントにも師事した。だがしっくりしない。新たなコンサルタントは渥美先生のように怒ることはなく、やたらと褒めてくれるが、肝心の質問にはクリアに答えてくれない。経営もうまくできない。結局5人ほどコンサルタントを替えた。出店はともかく商品作り、組織、教育、ローコスト運営ができない。殴られるわけでもないし、罵倒は耐えればいい。やはり「渥美先生しかいない」

と思い、再び門をたたいた。後日、先生の誕生パーティーがあった。誰かが挨拶しろというので、辞めた経緯、再入門へのためらいなど、ありのままに伝えると普段物静かな先生が大笑いしていた。

再入門してからは毎月通った。相変わらず遅刻したら教室には入れてもらえないし、わび状も書かされる。講義中、無駄口を話していたらチョークが飛んできて「出て行け」と言われる。私語禁止で、緊張が続く。ダイエーなど年商50億円を超えるAクラスの経営者は自分に厳しく、周囲への配慮を欠かさない人物が多い。例えばトイレを見ても、Aクラスの人は手洗い後に拭くペーパーを1枚ずつ使い、ゴミ箱にきちんと捨てられている。

一方で、Bクラスの人は使い方が雑。ペーパーも自分のモノではないので、何枚も使って、ゴミ箱はあふれている。トイレも汚い。全般的にだらしないBクラスは自分に甘い人が多いということだろう。

私は先生に叱られてばかりだったが、一つだけ褒められたのが店舗の立地だ。先生もよく言っていたが、出店地選びはトップの持って生まれた勘という。勘の悪い人間はどれだけ勉強しても立地が悪い。先生は「似鳥君は他のことは良くないが、立地だけは見事だ。出店はニトリを手本にすると良い」と仰っていた。

渥美先生の至言

怖くても、渥美先生の教えにはやる気を起こさせる「ロマンとビジョン」があった。豊かさを育む経済民主主義の実現というロマンチシズムがあってこそ、経営ビジョンが生きる。成功した起業家はみんなロマンチストだ。私もそうありたい。そんな先生の言葉は今も通用する至言だ。

「成功体験など現状を永久に否定して再構築せよ。守ろうと思ったら、衰退が始まる」「ばくちを打つな」「上座に座るような宴席には行くな。常に下座で自らついで回り、先人から学べ」「誰よりも早く新聞を読み、頭に入れて、その情報を誰よりも早く発信しろ。経済新聞はもちろんのこと、地元紙、全国紙まで目を通せ。専門誌、週刊誌、月刊誌も暇さえあれば読み、良い記事は切り抜け」。経営者はハードワークだ。ビジョン達成へ向けて、「酒を飲んでも、何をしていても365日24時間考えろ」と口を酸っぱくして語っていた。

人事への考え方も渥美流だ。「新入社員は10分早く来させて、10分早く帰宅させろ」「年功序列賃金で若いときは差をつけるな。40歳以上になったらスペシャリスト資格試験をさせ、数値責任だけで評価しろ。部長以上は今までのやり方と違う方法を提案して、再構築できる人間に任せろ」という。

先制主義という言葉も印象深い。「乗り物は他社より先に運転できるようにしろ。歩きから自転車、バイク、自動車、飛行機、ロケット。同じことをやったら先行者には勝てない」。先生に心酔した私はできるだけ実践した。業界初の試みには率先して取り組んだと思う。

80年代には、在庫管理システムを大型コンピューターからパソコンに替えた。自分はパソコンは苦手でほとんどやったことはないが、導入例を見て「これはパソコンの時代が来るな」とひらめいた。反対者も多いので、社長直轄の組織を立ち上げ、1年ぐらいかけて導入した。情報システムの変更で辞める社員も出たが、常に経営は革新だ。

95年に広告制作も先んじて変えた。代理店の社員が何人も出入りしているので、無駄なことばかりやっている。そこでデジタルカメラを使用した広告作りができるシステムを凸版印刷と共同開発した。画面ですべてチラシを作れるようにした。専門のスタジオも社内に設置した。これも日本で初めてではないか。

だが「ゴルフはするな、趣味は持つな」は守れていない。

1984年に開かれたペガサスクラブのセミナー

幻の1期生

企業として成長する上で中途社員だけでは限界がある。中小企業にはなかなか優秀な人材は来ない。やはり大卒の定期採用が必要だ。白いキャンバスに自由に絵を描くように、人材を育ててみたい。今でこそ、年間500人近くの大卒を採用する当社だが、創業期は本当に苦しんだ。75年に第1期生として7人採用した。「甘やかすと、経営が安定しない」と思い、厳しいスパルタ教育を施した。週に1回の休みも工場見学、しかも重労働に低賃金。会社もごたごたしていた。当たり前だが7人全員が辞めてしまった。このため75年入社組は「幻の第1期生」と呼んでいる。

月寒店オープンパーティーで

このため今で言う「ブラック企業」のようなレッテルを貼られてしまった。これはまずい。さすがに週に1回は休みにして、100時間あった残業時間を半分ぐらいにした。賃金も少し上げた。実質的な1期生は76年入社組だ。その前年に母校の北海学園大学に募集の貼り紙を出し、見に行ったところ、誰も見ていない。そこで学生の集まる場所へ行き、「どんぶり2杯を食わせるから、話を聞いてくれないか」と声を掛けて回った。食べている10～15分間に会社の説明をし、入社を促す。

ちょうど米国視察して間もない頃であり、米国の流通事情も説明した。関心を示した学生は「では今は何店舗ですか」と聞いてくるが、このときはまだ4店で売上高も4億円程度だ。それでも「いずれ100店を作り、売上高を100億円にする」と大風呂敷を広げ、ロマンとビジョンを熱く語った。すると触発された学生が15人入社した。

成長を支えた79年組

ニトリを大きく変えるきっかけとなったのは79年入社組だ。現在の事業会社ニトリの白井俊之社長や池田匡紀専務などグループの中核をなし、社内では「花の4期生」とも呼ばれている。彼らの採用を決めた78年は景気低迷により、大手企業は軒並み採用を抑制。出身地での就職を希望するUターン現象が注目された。「人材確保のチャンスだ」。役員とともに東京へ乗り込み、採用活動を始めた。

都内のホテルで面接し、内定はその場で出した。内定を出した学生は私や役員らが銀座のおでん屋「お多幸」へ連れて行く。宿を確保していない学生は役員がダブルベッドの横に寝かせていた。

ニトリ社長の白井は札幌南高校卒業後、宇都宮大学工学部で化学を学んでいた。家具とは無縁だったが、就職雑誌に載せたニトリの紹介コーナーの「完成されたものほど、つまらないものはない」という一文に引かれたそうだ。地元で流していたゴリラを起用したテレビコマーシャルも奇抜で、印象に残っていたとか。ただし将来への保証もなく、親からは反対され、化学専攻だけに友人から「ニトロカガクという会社へ行くのか」と言われたらしい。

結局、男性30人、女性6人が79年に入社することになった。大きな宴会場のある札幌市内の居酒屋を予約し、全社員参加の入社歓迎会を開いた。そこで司会者が「新入社員の皆さん、前に出てください」と舞台に上がるように指示したら、座敷はがら空きとなってしまった。とても滑稽な風景だった。実は社員数はまだ60人。新入社員が全社員の3分の1以上の規模に膨らんだからだ。本当に何の計算もしていない。

結局、新入社員を大量に採用した結果、その年の利益を大きく落としてしまう。人事担当者からいさめられ、数年は新卒の採用を抑制する羽目になった。相

花の1979年入社組

変わらず行き当たりばったりの経営だが、4期生のエネルギーは想定以上に旺盛で、とても勉強熱心。彼らがニトリを大きく成長させる原動力になった。

企業はやはり「人」だ。まだ北海道以外に店がない頃から東京、名古屋、大阪で新卒の採用活動を始め、90年代半ばには海外でも採用に動いている。米国・ボストン、中国・上海、ドイツ・ベルリンで留学生や日本に関心のある外国人を募集した。採用当時、何も決まっていないし、始まっていないが、将来はそこで事業をやるのが前提だった。これもゴールから物事を考える先制主義だ。「おまえは頭が悪いから、優秀な人材を使うしかない」という父の教えはずっと生きている。

30年計画を立案

将来の幹部候補生が大量に入社した79年は大きな転換期だった。その前年、チエーンストア経営を普及するための経営・研究団体のペガサスクラブに加盟した私は長期計画を立てることにした。当時の店舗数は7店で年商は30億円にも満たない。分相応に100億円ぐらいの計画を立案したが、クラブを主宰する渥美俊一先生は「もっと大きな計画にしろ」という。

そこで100店・1000億円という途方もない計画を立てた。立案したのは79年だが、多店舗化をしようと決めた72年にさかのぼり、そこから30年後の2002年を達成の時期に定めた。実際には1年遅れの03年に達成することになる。もっとも79年は会社としてはまだまだ未成熟。新入社員を含めてチェーンストア理論を学んでもらうために、一緒に徹底的に勉強した。会社も小さく、私も現場へ出向いては社員と飲んだり、食べたり、会社の将来について議論を交わした。

店舗や商品、売り場のレイアウトなどチェーンストア理論を社員が理解していくうちに「理論とうちの会社のやっていることは、ずれているのではないか」という声が強まってきた。どんどん社員が本気になり、社長の私もその熱意にのみ込まれていく。79年入社の4期生は本州進出時にも私の背中を押すことになる。

第6章
試練は終わらない

初の家具専用自動倉庫を導入

1970年代後半は年に最低1店は作り、スクラップ&ビルドも始めた。80年代は会社が飛躍する重要な時期となった。将来的に大きな道路が完成する札幌市手稲区新発寒の農地5000坪を安く購入した。坪5万円ぐらいだったと思う。そんなとき、関東にある日産自動車の工場を見学した。高層の構造物の中を部品が上から下へ、下から上へ流れる倉庫を見て、ひらめいた。「これを家具の倉庫に利用できないものか」

平屋の倉庫だと従業員が行き来するだけで時間がかかり、人件費もかかる。自動倉庫にすると電気代だけで済む。初期投資はかかるが、これは貴重な時間と労

日本初の家具の自動立体倉庫

働力を買うことにひとしい。「我ながらいいアイデアじゃないか」とほくそ笑んだ。もっとも社内の反応は「そんなもの、札幌の田舎に作ってどうするんだろう」と不思議がっていた。

機械メーカーのダイフクに相談したところ、流通企業は初めて。相手も乗ってきて、こちらの設計図通りに開発してくれた。「うちがモデルになりますから、安くあげてください」などと相変わらず虫のいいことを言いながら、実現にこぎ着けた。

80年、手稲区に6階建ての日本初の家具専用の自動倉庫が完成。横に家具以外の商品を保管する2階建ての倉庫も設けた。自動倉庫が稼働すると、メーカーからまとめ買いができるようになり、低価格化と出店拡大に大きな力を発揮した。82年に年商50億円を突破。「ようやくペガサスクラブでダイエーやイトーヨーカ堂と同じく、Aクラス入りした」と、喜んだのもつかの間、同クラブはAクラスの条件を100億円に引き上げてしまった。結局、中内さんや伊藤さんと席を同じくすることはなかった。

ねたまれて、悪い噂も

成長に伴い、家具の同業はつぶれ、取引先も替えていく。業界からはねたまれ、悪い噂話もたくさん流される。おかげでちょっとした事件に巻き込まれてしまった。

ある日、刑事が電話してきて「ちょっと外で話ができないか。あなたも困るだろうから」と言う。「やましいことは何一つありませんよ」と返答すると、札幌の本社にやってきた。刑事は「あなたは女性問題で男から恐喝され、数千万円を脅し取られているのですか。正直に話してほしい」と聞いてくる。

「この店へ行ったね」「あそこにも行ったね」。驚いたことに刑事は私が通った飲み屋をほぼ把握している。遊びに夢中の私は全然気づかなかったが、2人の刑事が半年も尾行していたというのだ。確かにこの頃は調子に乗り、毎晩のようにクラブをはしごし、遅くまで飲んだり、歌ったり、大騒ぎ。そこに顔を出していた女性の交際中の男性に問題があったようで、変な噂が流れたのだろう。刑事は「こういう噂は8、9割は当たっている」と話し、銀行口座まで丹念に調べ上げていた。

後で聞くと恐喝の噂は同業では知らない人間がいないくらいだったようだ。いくら釈明しても刑事はなかなか信用しない。口座まで調べたのだから「じゃあ、分かったでしょう」と言うと、どこかに脅迫犯とつながる「隠し口座」があるのではないかと疑いは消えない。「地方の信用金庫にあるのではないか」とか、とにかく執拗に調べ上げられた。「脅されているのなら、ちゃんと守るから」とまで言う。

1カ月ほど過ぎ、刑事も「シロ」であることをようやく認めた。捜査終了後、「ああいう噂はだいたい当たっているのだが、珍しいことだ」と首をかしげていた。

事業が軌道に乗り、度を過ぎた夜遊びが招いた疑惑だった。

当時「夜中3時前に帰るのは男じゃない」と放言し、飲み歩くことを自粛することは全くなかった。道内中、どこでも遊びに行った。ブランデー1本を氷入れに入れて、みんなで空になるまで飲み回す。すると誰かがぶっ倒れたりして元気いっぱいの日々だった。

今で言う働き盛りの「アラフォー」。80年代は出店が続き、気分も高揚していたのだろう。

函館店成功で成長力

1981年には北海道地方店の第1号店を苫小牧市にオープンした。もっとも苫小牧店は店内の漏電で店内が焼け落ちてしまった。うまく行き始めると何かが起こる。ニトリのパターンだ。

道内出店でも函館は大きな転換点だった。函館の店舗候補地は、イトーヨーカ堂や長崎屋など量販店が集まっている国道沿いの絶好の場所だ。交渉は難航する。交渉役は私とエアドーム店の出店でお世話になった多田康郎さん、ニトリの店舗開発部の社員。

何度も押しかけたが、造園業を営む女性地主の近江小波さんは拒否。「大して利益が出ている会社じゃない。イチトリ、ニトリ、命取り。ワケの分からないところには貸せん」と息子さんに話していたようだ。きっぱりと断られ、多田さんらは湯の川温泉に一泊し、残念会を開いた。

それでもあきらめなかった。残念会の翌朝、多田さんが1人で近江さんを訪ねると「まだ帰ってなかったのか」と驚き、家に上げてくれた。そして「ニトリではなく、多田さん。あんたに貸すよ」と了承してくれた。最終契約の段階で私も函館に出向き、近江さんと面会した。

交渉中、近江さんは「取引銀行はどこですか」と聞く。私が「北洋相互銀行（現・北洋銀行）です」と答えると「拓銀（北海道拓殖銀行）と取引がないのか。そんなところに貸せない」と白紙に戻ってしまった。当時、北海道での拓銀の地位は絶大。新興企業のニトリ家具が急に拓銀と取引できるツテもない。

むなしく札幌へ帰ってまもなく、神風が吹いた。偶然にも多田さんの実兄がニトリの本社近くにある拓銀の支店長になる。本部に掛け合ってくれると融資はOK。拓銀からも説得してもらった。83年、函館店がオープンした。ちょうど11

店目で、チェーン店として目鼻がついた。

それまで1店舗当たりの年間売上高は5億円程度で、函館は6億円を目標に置いた。ところがふたを開けると12億円とその2倍。これまで担保不足で資金調達に苦しんでいた。函館の成功で資金繰りは好転し、一気に楽になった。経常利益率も5％を初めて超え、「やっていける」と自信を深めた。

家具の構成比率も70％以下に低下し、家具と家庭用品を足し合わせたホームファッションの店に変貌していった。店名は「ホームファニシング・ニトリ」で、今の原型が形作られた。社名から家具を取り、ニトリになった。札幌だけでなく、旭川市、函館市、岩見沢市と道内全域にニトリは広がった。

ようやく出店のコツも分かってきた。店数が増えることによって仕入れも増え、価格もさらに下げられるようになる。もちろん経費にもシビアだ。86年の岩見沢店オープンの時は20人ぐらいの従業員が旅館のワンフロアを借りて、雑魚寝していた。1人1室なんてぜいたく。社長の私も一緒だ。食事もおにぎりだけだ。この年は4店開業しており、そんなことの繰り返しだった。

出店規制で四苦八苦

資金繰りは安定してきたが、出店拡大への悩みも残っている。大規模小売店舗法（大店法）による規制で、当時大型店の出店は地元経済界の了承を得ないと、思うような規模の店舗を作ることができなかった。

特に札幌の企業が北海道の地方都市へ行くと「攻めてきた」ということで敵意をむき出しにされる。規制の厳しさは地域差があるのだが、難しかったのが帯広だ。というのも帯広には長谷川家具など御三家と言われる家具店がひしめき、経済界の顔でもあったからだ。

このため地元の経済界に挨拶しようと名刺を配ると、破られたこともあった。

お菓子を持って行くと「毒が入っているのか」とぶん投げられる。散々罵倒されて、交渉のテーブルにさえつけない。それで何回も何回も挨拶に行った。創業20周年の記念式を開催した88年、帯広店は無事オープンした。

てこずった帯広店のオープン

仕入れ先開拓のため単身海外へ

ニトリの店舗が広がるとともに「他社よりもう一歩先に行く価格競争力はつけられないか」考えていた。ニトリの生命線は「安さ」だ。分かりにくい接客をするより、「安い」を前面に出せば売りやすい。85年に先進5カ国によるプラザ合意で、為替市場への協調介入が進められ、急速に円高が進行した。1ドル＝250円台だったが、一気に120円台に突入したのだ。輸入を本格化させたのはプラザ合意以降だが、実は80年前後から輸入に取り組んでいた。

このときは主に台湾だった。当時は展示会もなく、自力で仕入れ先を探すしかない。現地で電話帳を見ると「あいうえお」順で家具会社が書いてある。これを頼りに観光ガイドを通訳に仕立て、家具工場を回っていった。東西南北に分けて各方面の工場をしらみつぶしに回っていった。もっとも貿易のイロハも知らない。アジアの家具工場の経営者に「お金をどのように支払えばいいでしょうか」と聞くと、「LCだ」という。貿易をする際、海外のメーカーにお金を支払う買い手が取引銀行に発行してもらう信用状のことだが、よく分からなかった。商品をどのように輸送するのかも決めていない。

手探りで海外調達の方法を模索し、実践で学んでいった。地元の銀行も貿易業務について経験がないという。そこで東京の都市銀行（今のメガバンク）に貿易業務をやってもらった。行き当たりばったりで、失敗ばかり。だがこうした試行錯誤が自前でビジネスを作り上げるニトリの社風を形作っていった。

もっとも所詮は素人。輸入を始めると、トラブル続きだった。台湾で仕入れた椅子を販売すると、顧客から「座ったとたん、椅子がばらばらになって頭をぶつけた」などクレームが多く寄せられた。調べると含水率《がんすいりつ》が問題だった。湿度が高い台湾では壊れない椅子でも湿度が低い北海道では水分が抜け、脚が細くなり、隙間ができてしまう。だから座ると壊れる。

テーブルでも台湾製の米国仕様はテーブルクロスを掛けて使うので、通常はから拭きだ。だが日本はテーブルクロスを使わない。台湾製テーブルを水拭きすると、加工に対する考え方が違うため、表面塗装がはがれてしまう。海外メーカーは乾燥室を備えていなかった。

他にもテーブル、ソファなど日本仕様でない商品は不具合が多かった。テーブルも米国仕様で、日本人には高い。低くしようと思い、脚を切ってみるとなかなかバランスがとれない。この結果、切りすぎてしまい、使用不能だ。当時は店数も少なく、こちらのお願いする仕様に変えてもらうことはできない。

それでも海外仕入れに余念がない私を見て、社員は「現地に女性がいるんじゃないか」「メーカーから女性を紹介されている」など、ひどい噂を立てる。当初は1人で買い付けに行っていたが、途中から展示会へ出向いても余計な商品を買わせまいと「お目付け役」を同行させる。実際に苦情は数知れず、社員の気持ちが分からないわけではないが、あまりに保守的だ。

道内全域に店が広がったころ（左端が筆者）

ホームファニシングへの道

トップは長期的な視点で考える。オーナー経営であっても、社長業とは社員という「抵抗勢力」との闘いでもあると痛感している。考えてみると、この40年間はメーカー仕入れ、自前の自動立体倉庫の設立、家具以外の商品を柱にする「ホームファニシング」の確立など反対の連続だった。ペガサスクラブ加入後、79年にホームファニシングをニトリの新業態に掲げたとき、社員から「家具屋でいいじゃないですか。なぜそんなわけの分からないことをやるのですか」と追及される。

そこで「家をコーディネートして楽しくするんだ」と答えても、社員たちは首をかしげる。「具体的なことはやっていくうちに、いずれ分かってくるから。富士山も遠くから見るときれいだろ。でも細かく聞かれてもなぜかは分からないよ。見ても分からないけど、近づくと実像が見えてくるもんだよ」とそれこそ「わけの分からないこと」を話し、説得に努めた。それで辞めた社員もいた。いればきっと役員にもなっていただろうに。

確かにホームファニシング業態の確立は手探りの連続だった。例えばカーテン。店数が増え、繊維関連の輸入を増やすことにした。欧米の家庭では必ず無地が入っている。「ニトリでも無地をやろう」としたが、当時の日本は100％柄物。センスも何もない。実際に無地を発売したところ、売れずに在庫の山を築いた。

失敗の原因を調べると数字のマジックが分かった。最初は柄物に対して20％分を無地としたが、この比率では買い物客は気づかない。ところが30％にまで増やすと、売れるようになることが分かった。20％程度では80％の柄物が売れるため、販売員は売らなくても済んでしまう。逆に35％を超えるような水準になると無地を売らないと部署の目標数字を上げられない。このため自然と無地商品が広がっていった。

数字のマジックが分かり、今度は「ニトリカラー」を作ろうと決めた。外国のチェーンはストアカラーがある。どんな部屋でも色が統一されている。日本はばらばらで、トータルコーディネートができない。だが最初は在庫の山だらけで、たたき売りの憂き目を見た。最初は思い切りやらないと売れないという商売の鉄則が見えた。数年後に手厚くしたら、売れるようになった。今は無地の商品構成比率は40％だが、売上高は60％が無地だ。そんなことを繰り返しながら、ホームファニシングが根付いていった。

ワレサ大統領に招かれる

初期の海外調達ではポーランドも思い出深い。80年代初め、ポーランドは社会主義国だったが、欧州の見本市で安くて、品質の良い家具を探していると、ポーランドの家具が目に留まった。パイン材の産地で素材が優れており、工場も発達していた。何とか輸入を始めたいと考えた。相変わらず緻密な計算はしていない。ポーランドの日本大使館に駆け込み、「家具を輸入したい」と突然申し出た。職員も協力的で、家具工場などに同行してくれた。

一時は食器棚や整理ダンスなどを億単位で輸入したこともあった。10年ぐらい続いた。あるときポーランドのワレサ大統領が訪日したとき、日本で有数の「大口取引先」として迎賓館に招かれることになった。これには驚いた。初めて入ったが、皇族が顔をそろえていた。もちろんニトリは無名で海外関係の公的機関の方と名刺を交換したら「聞いたことがないな」と言われた。

ポーランド家具も輸送途中で不具合が生じ、クレームも多かった。でもパイン材は色がきれいで20〜30代の顧客には人気があった。現在、ニトリでは扱っていないが、札幌市にある社員の保養所（かもめ荘）では今でもポーランド家具を使っている。

本州進出で挫折

１９８０年代後半、北海道全域にニトリの店舗は広がり、道内での知名度は定着した。「いよいよ本州進出」と行きたいところだが、どうも足がすくんでしまう。ある日、社員の前で「北海道のためにがんばりましょう」とあいさつすると、現在のニトリ社長の白井俊之ら79年入社組の４期生らが反発した。「日本に米国並みの豊かな生活をもたらすのがニトリの目的だったのではないですか。このまま北海道にとどまっているつもりですか。全国展開しないのなら私たちは辞めます」

これには反省した。社長の意思を超え、４期生を中心に「会社を発展させよう」

という自主性が芽生えていたのだ。まだニトリの年間売上高は100億円にも満たず、利益率も5％程度。出店を加速するにはまだまだ経営の体力が乏しい。だがこのときばかりは社員に背中を押され、進出を決めた。

決断したら早い。店舗の開発部隊を派遣し、まず千葉県松戸市、同流山市、同旭市、茨城県土浦市の4カ所の土地を押さえた。手付金も2億円近く支払った。ところが本州進出を決めた80年代後半はバブル期。建設費を見積もると工事費や材料費はぐんぐん上昇していった。1店舗当たりの建設費が坪40万円と、それまでの2倍以上かかる。

これではいつまでたっても赤字が続く。ペガサスクラブの渥美俊一先生に相談すると「状況が悪いときに撤退する勇気を持たないから、会社はダメになる。一時的な損失を出しても退く勇気は必要だ」と諭してくれた。迷いに迷ったあげく、4カ所の地主に出店中止を申し入れた。

実際に違約金は高かった。地主の元へ出向き、「半額にしてもらえませんか」と頼むと、「ふざけるな。裁判で訴えるぞ。契約通り中止したなら2倍支払え」

と怒られる。何度頭を下げても聞き入れられない。北海道ではしぶとくお願いすれば、聞き入れてもらえることもあったが、関東は厳しい。

松戸はすでに基礎工事が始まっていた。中止を告げたら建設会社も怒りまくっていた。設計図もパー。結局、経常利益が6億円の時期に4億円の違約金を支払う羽目になった。これがなければ増収増益の記録は37年に及んでいた。

札証に上場

本州への進出が失敗し、再び北海道シフトで店舗網を広げた。88年に札幌証券取引所への上場を決断した。やはりまだまだ出店資金が足りない。とにかく市場から金を集め、これを投資しよう。翌年、札証に上場を果たし、50億円を調達した。資本金は19億8000万円だ。新株予約権付社債（転換社債・CB）を発行する説明会に出席するため、スイスへ向かった。

すると証券会社がついでに欧州旅行に招待してくれた。ヘリコプターをチャーターし、モンブランへ行ったのは感動した。草原があり、がけがある。ヘリの音を聞いたカモシカのような動物が集団でがけをぽんぽんと跳ねる。そして氷河の上に降りるという。結局、風が強くて降りられなかったが、きれいだった。

後はライン川を下っていると、城が見える。もともと戦国時代の話が好きで、中世のヨーロッパへの関心も深かった。せっかくだから騎士の気分を味わいたい。そこで城を直接訪ねて「泊めて下さい」と頼み込んだ。「城主」もいい人で料金を払って、泊めてもらった。城から見える都市の街並みを眺めながら、歴史を堪能できた。その後もCBを発行するたびに欧州旅行をした。

スカウト組に実権握られる

80年代に出店ペースが上がり、商品仕入れも海外にまで広がってきた。今度は人材が不足してきた。チェーン経営の師匠の渥美俊一先生は「スカウトしないで急成長した会社はない」が持論。そこで外部から即戦力を集めるようになった。

だがこのことが裏目に出る。大手量販店の出身者を常務に据えたところ、「古巣にいい人材がいる」と言われ、どんどん増やした。すると8人のニトリ取締役のうち、量販店出身者が5人を占めるようになった。

彼らは次第に社内で発言権を増していく。私は脇の甘さから再び追い出される危機を迎えた。

1989年のアメリカセミナーで

当時、物流費が高騰したこともあって、彼らはニトリの低価格路線を否定し、次第に商品価格を引き上げるようになった。私にも「余計な口を出さないように」「方針がぶれると困るから店にも行かないように」と言ってくる。中途組の役員たちに権限を奪われた私は、鬱状態に陥った。

ある日、私と量販店出身の常務が締めているネクタイが同じバーゲン品だった。笑顔で「おんなじネクタイだね」と話しかけると、常務はいきなり自分のネクタイを外し、踏みつけた上でゴミ箱に放り投げた。

怒りが爆発した。「こんな人たちに会社は任せられない」。社長派と目された人もずいぶんいじめられていた。一人ひとりの問題点を見つけ出し、大半の量販店出身者は辞めてもらった。

本州に再度挑戦

本州進出を再度決めたのは1993年。90年代初めにバブルがはじけ、土地代や建設費が低下してきたからだ。88年に札幌証券取引所への上場を果たし、労働組合も結成。会社としての体裁も整いつつあった。1号店の場所は茨城県勝田市(現・ひたちなか市)。地主は幼稚園の経営をしている方で、ニトリのことなど一切知らない。いつものように「日本を豊かにしたい。ここを起点に店をたくさん出します」と持論をぶつと、最初から共鳴してくれ、好印象を持ってくれた。

ただ真向かいにニトリの3倍となる2000坪の家具店がある。やはりためらったが、「ここで逃げたら、いつになるか分からない」と思い直し、出店を決めた。

心配し、対策も立てた。オープン後、大繁盛とは行かなかったが、目標通りの売り上げと利益を確保。同年10月にオープンした本州2号店は市原八幡店（千葉県市原市）。立地としては郊外過ぎたが、新しい幹線道路ができるというので、出店を決めた。あれから20年。まだ道路はできていない。それでも、黒字は確保できた。

94年には仙台に出店を果たす。ダイエーが近くにある好立地。ここもどかんと売れ、全国区への足がかりができた。「人口が密集していれば、確実に成功する」。さらに自信が湧いてきた。この頃に新聞社などから取材されるようになった。記者と飲みながら議論し、世間にニトリの「ロマンとビジョン」を伝え始めた。

ニトリが出店を加速できたのは地主さんのおかげだ。函館店の地主の近江さんなどは本州の地主を自ら車で店に案内してくれる。そして車の中で説得してくれるなど、協力的だった。本州1号店の地主さんも「人柄がいい」「業績もいい」「約束も守る」など太鼓判を押してくれた。

実際に契約を終える前に土地を返すことはない。古くなったらスクラップ&ビ

本州1号店の勝田店

自前の物流センターで成長に弾み

ルドを進めるが、仮に契約期間より早く移転したい場合、損失はこちらで負担する。既存店と隣接している土地を取得し、大きくすることもある。土地の賃借で訴訟はない。

オーナーには株主になっていただくと同時に、毎年オーナー会を開いている。年に1回、今は200~300人を招き、ニトリの負担で北海道の知床や大沼、京都などに招待している。そこで1年間の業績報告や事業方針の発表もする。その後は宴会で、二次会には私の歌が付いてくるが。

旭川で家具メーカーを買収

少し時計の針を戻し、製造小売業につながる話をしたい。仕入れで試行錯誤しているうち、旭川市近郊の家具メーカー、マルミツ木工の松倉重仁さんと86年に出会った。ものづくりの考え方など、気も合い、海外などにも一緒に出かける仲になった。そんな松倉さんがある日、駆け込んできた。「いとこの会社に買収されてしまう。私も解雇されてしまうので助けてほしい」という。新聞発表は3日後で、時間はない。一肌脱ごうと思い、ゴルフ中の北洋相互銀行（現・北洋銀行）の常務の元へ押しかけ、支援を願い出た。

だが常務は「役員会にかけないとダメなので、私の一存では無理」と断る。私は執念深い。ゴルフカートにくっつき「今までの付き合いもある。返事を今すぐ欲しい」と粘った。根負けした常務は「あなたが責任を持つならお任せする」と自らの進退をかけてくれた。87年にマルミツに出資した。

マルミツは親会社にずいぶん吸い取られ、赤字体質だった。ニトリの傘下に入ると合理化を進め、一気に黒字化した。少し先だが、マルミツ買収で海外調達先が広がり、ニトリの成長に多大な貢献をした。だが一つ心配があった。ペガサスクラブの渥美俊一先生だ。先生は小売りが工場を所有することを禁じていた。怖いのでしばらく先生には報告しなかった。

マルミツが旭川工場を運営している頃、素材を米国やロシア、カナダから買い付けていた。商社は通さない主義なので、英語もできないのに通訳もつけずに現地で商談する。「カード1枚あれば、何とかなる」と豪語する松倉さんは大した人だ。

一緒にアラスカまで行ったとき、休日に水上飛行機で氷河を飛び越えて、ルアー釣りをした。大きなサケが密集しており、入れ食いだ。ところが引きが強くて、

松倉さん（右）とは30年来の付き合い（中央が筆者）

海まで引きずられそうになった。間一髪のところで現地ガイドに助けられた。でも面白い。ヤブ蚊もすごくて、隙間があるとあっという間に刺される。そういえば、カナダでは渥美先生とサーモン釣りをしたのも懐かしい。

ロシアでは現地の電力会社などと提携し、丸太の製材もした。場所は父が強制労働をさせられたハバロフスク。もちろん感傷に浸ったわけではなく、ロシア人とウオツカを飲んだり、踊ったり、楽しかった。

インドネシアに進出

1993年にニトリが本州に進出した翌年、買収したマルミツを通じてインドネシアに現地生産法人を作った。だが進出までには曲折があった。

87年にマルミツに出資すると、社長の松倉重仁さんは、いとこが経営する家具メーカーを買収しようと持ちかけてきた。私が「国内は限界がある。海外へ出よう」と反対しても耳を貸さない。買収先はかつてマルミツを吸収しようとした会社だ。1年間ほど論争した。「個人的な遺恨じゃないか。ビジネスとは関係ないな」と思いながらも、松倉さんの説得に根負けしてしまった。

了承したのはいいが、買収先の会社の社長は逃げ出して、納入先で、北海道で

2番目の規模の問屋と新会社を作ってしまった。ニトリは取引が少なく、発言権もない。残ったのは工場と半分の従業員と負債だけ。以降、毎年1億円の最終赤字を計上することになる。

それにしても松倉さんは頑固だった。当時、北海道の家具は旭川周辺を中心に産地として人気があった。マルミツはニトリの傘下に入った後も、道外の百貨店向けに高い素材でサイズの大きな家具を作る。「ニトリ向けに安くて小型の家具を作ってくれ」と伝えても、なかなか言うことを聞かない。「メーカーと小売りは違うから」と言うので「何を言っているんだ。お客様は同じだろう」と本当に言い合いばかりしていた。

結局、業績は好転しない。89年にシンガポールに現地法人を設立し、タイや中国で扉など家具部品を作ることにした。最初は現地も大歓迎で、飲んで食べて歌っての会も開いてくれた。

松倉さんも何とか立て直そうとシンガポールやタイから家具の部品を輸入し、旭川近郊で組み立てる仕組みを作った。職人ではなく、パートを活用した画期的なモデルだったが、なかなか業績は改善しない。クレームは多いし、仕入れコストも上昇した。提携先の企業の幹部はあまり仕事もしない。当初、松倉さんの月給は120万円だったが、赤字なので毎年減らすうちに40万円まで下がってしまった。8人家族で暮らしていけない。さすがに松倉さんは音を上げた。

「やはり経営権をしっかり握って工場を運営しないと。相手の工場任せではだめだ」と痛感した。私は改めて海外での現地生産を提案し、松倉さんら15人を選抜してインドネシアに派遣した。

国内工場閉鎖で退路断つ

銀行の勧めもあって候補地はスマトラ島にあるメダン。港近くで工業団地もある。横浜からも船が出ている。平均月給は３０００円でジャカルタより２０００円は安い。いいことばかりだ。ちょうどインドネシアでは外資規制も緩和されたので、現地法人をスマトラ島のメダンに設立。９０００坪の敷地に工場を作り、95年から出荷を始めた。96年に本格稼働し旭川近郊の工場は閉鎖。松倉さんには「もう退路はないよ」と伝えた。

もっとも当初は知らなかったが、メダンは大変な町だった。社員がトイレに入ったまま出てこなかったり、部品や電線を盗んだり、トラブルだらけ。驚くことに重量1トンの重機までなくなったので金属探知機を取り付けた。社員だけでなく、外からも窃盗犯がやってくる。このため2メートルだった塀を4メートルに高くした。すると今度は塀に穴を開けて入ってくるので、厚さを2倍にする。それでも懲りない窃盗犯は地下に穴を掘って、侵入してくる。

私はインドネシアに工場を作ったとき、パパイアやヤシ、マンゴーの木を植え、食べるのが夢だった。その数は400本に及んだが、どうもこの木に登って姿を隠す犯人がいるようだった。犯罪の温床にするわけにもいかず、泣く泣く木を切ることにした。

犯罪はなかなか減らない。実はガードマンにも原因があったのだから当たり前だ。8時間勤務の3交代制で、交代直前に大量に何かが盗まれる。誰が犯人か分からないのでガードマンをすべて解雇したら、マシンガンを構えて「皆殺しにするぞ」と脅してくる。青竜刀を振り回す荒くれもいて、指や腕を切り落とされた現地社員もいた。もはや警察では手に負えない。慌ててインドネシア海軍の関係会社に警備を頼んだら、犯罪は沈静化していった。

取り締まりの強化だけでは犯罪防止につながらない。インドネシアは華僑の影響力が大きく、現地人は差別されていた。「ニトリは世界中で差別はしない」と宣言。数年で工場長や役員はすべてインドネシア人だけになった。信賞必罰も徹底。テレビやラジオ、カメラなどの皆勤賞を出す一方で、「3回問題を起こしたら解雇」というイエローカード方式を採用した。

それでも政情は安定しないので、暴動は頻発する。松倉さんは数日間、監禁されたこともあった。だが現地社員を公平に扱い、待遇を改善した結果、暴動での被害は比較的少なかった。危険を避けるため、逃げるルートを3つほど確保し、船も用意していた。だが信頼関係のできた現地社員が団結し、日本人を守ってくれた。稼働率も維持していた。

インドネシアの家具工場

山一証券と拓銀が破綻

赤字は続いたが、97年にタイを震源として起こったアジア通貨危機で業績は一変した。インドネシアの現地通貨ルピアも3分の1になり、賃金の支払いコストも3分の1に下がった。ここで年間の利益が2億円出るようになり、営業利益率も30％を超えた。何が奏功するか分からない。人員数も1400人に膨らみ、土地も7000坪と広大だ。

ところで小売業が工場を持つことに反対していた渥美先生。インドネシア工場の稼働がばれ、「一度見せてくれ」という。渥美先生の見学に相変わらず私は直立不動。先生はこちらが思った以上に感銘を受けたようで、熱心に勉強を始めていた。

97年秋、インドネシア工場を視察していると日本で重大な問題が起きた。メーンバンクの北海道拓殖銀行と主幹事の山一証券の破綻だ。

80年代からメーンバンクになった北海道拓殖銀行が97年11月に破綻した。インドネシアの工場を視察中のことだ。拓銀取引先の若手経営者の会で会長をしており、首脳陣ともゴルフや食事会を通じた付き合いがあった。経営が厳しいとは感じていたが、まさか拓銀が破綻するとは。青天のへきれきだった。

視察後、オーストラリアで開く大学時代の同窓会に家内とともに参加する予定だった。「スイス銀行は何か言ってこないか」と経理部に聞くと「主幹事の山一証券が控えているので大丈夫です。経営への影響はありません」と言うので、そのままオーストラリアへ。ところが程なく、その山一証券が破綻する。今度は経理から「スイス銀行が3日以内に50億円を返済するように伝えてきました。そうしないとデフォルトとなり、会社は倒産します」との連絡が入る。慌てて私だけ日本に戻った。

ニトリの創業期は北洋銀行がメーンバンクだったが、審査に慎重で時間がかかる。拓銀に次第にシフトしていった。拓銀は協力的で、貸し出しのスピードが速い。融資も1カ月で審査が下りる。「こんな便利な銀行はない」ということで拓銀がメーンになった。

96年に50億円分の新株予約権付社債（転換社債・CB）を発行し、スイス銀に引き受けてもらった際、保証をしたのが拓銀と山一だった。帰国後、残り2日しかない。だが手元に入る現金は大半を出店費用に回しているし、資産も乏しい。すぐに50億円を用立ててくれる金融機関は見つからなかった。

住友信託にすがる

最後のとりでが住友信託銀行（現・三井住友信託銀行）。取引は少ないが、もうここしかない。2号店の融資依頼の時のように身なりを整えた。スーパーでスーツを買い、ピンクとブルーのネクタイをしめる。眉毛を描き、顔には頬紅。にっこりと笑い、初対面の札幌支店長に面会し、こう切り出した。

「今回拓銀がつぶれ、スイス銀に50億円を返済しないといけない。三菱も三井も貸してくれますけど、以前から住友信託は親切で、大好きでした。この融資を機会に窓口を広げ、当社のメーンバンクになりませんか」

そして「ただし今すぐ返事が欲しいのです」と畳みかけた。「株も持つし、支払いも任せますよ」と銀行が喜ぶ好条件を提示する。支店長は即座に本店の専務に掛け合うと「分かった。その代わり、ダメなときは支店長の責任だからな」との回答を得た。初対面ながら支店長は「似鳥さんは熱心だし、私も進退をかけましょう」と言ってくれた。交渉は成立。爆発しそうな喜びを抑えて、店を出た。早速、スイス銀に新たな返済の意向を伝えると、新たな保証が付いたことから「期限まで50億円は返してもらう必要はありません」という。

その後、住友信託の支店長に「50億円は不要になりました」と連絡すると、「それでは私の立場はどうなるのか」と抗議してくる。それももっともなことなので20億円程度を借り、そのまま預金した。以来、三井住友信託銀は「ニトリを救った」ということで、歴代の支店長には「困ったらニトリへ行け」が引き継がれた。確かに恩人だ。本社のトップと親しくなり、関係も深まった。

拓銀の破綻時、貸してくれないばかりか、決まっていた融資を大手都市銀行から断られたこともあった。金融危機後、頭にきてこの銀行とは縁を切った。だが数年後、当時の担当者がメガバンクの頭取になり、わざわざ札幌に出向いてくれた。めったにマイクを握らない頭取がカラオケを歌い、大いに盛り上がった。もちろん今は遺恨もなく、取引を再開している。

南町田店が大繁盛

拓銀・山一ショックから1年。98年の南町田店（東京都町田市）オープンはニトリにとってターニングポイントとなった。関東では千葉や茨城県への出店も進んだが、利益率がいま一つ伸びない。かといって東京や神奈川は怖い。そんなとき、町田市に東京急行電鉄が所有している余地を開発部隊が見つけてきた。

「東京に中心となる店を作り、これを起爆剤として日本中に店を広げたいのです」。東京急行電鉄に対して長期的な成長ビジョンを語り、出店のプレゼンテーションを担当役員の前で披露した。東急電鉄の役員は「面白い。土地をお貸ししましょう」と受け入れてくれた。プレゼンは成功し、６００坪の土地と隣の駐車

南町田店の成功が成長力に

場スペース400坪を借りることにした。1000坪の敷地に6階建ての大型店が念願の東京に誕生する。

不安と期待が交錯していたとき、大変な問題が起きた。「チェーンストアは2階建てまで。高い施設で消費者を見上げさせてはいけない」というのが渥美俊一先生の持論だ。黙って店舗建設を進めていたが、先生の耳に入ると「今すぐ中止しなさい」と叱られた。

確かに地代も高く、不利な条件は多い。それでも「全国区になるには東京に旗艦店が欠かせない」と反対を押し切り、出店にこぎ着けた。ふたを開けると年間売上高は20億円超と函館店などこれまでの成功店の2倍。ニトリが羽ばたく瞬間だった。

第7章

ロマンとビジョン、愛嬌と度胸

関西の合弁事業で失敗

1998年開業の南町田店の成功はニトリの成長に弾みをつけた。それまでの収益力では年間に2、3店程度しか出店できない。だが南町田店は稼ぐ力をぐっと押し上げた。

これにはびっくりした。同時期に出店した新座店（埼玉県新座市）、御経塚店（金沢市）も、ものすごく売れた。かつてはお金もなく、出店は地代の安いところが多かった。南町田店以降は、「多少地代が高くても人口が多く、商品が支持されれば成功する」と社員たちも自信を深めた。99年以降は10店超のペースに上がった。

金融危機で日本経済の低迷は深まる。低価格チェーンとして知名度も上がり、デフレ時代の「勝ち組」としてじわりと台頭してきた。出店は好調だったが、関西では一つ失敗の教訓がある。関東では足場を築きつつある一方、西日本は実績ゼロ。そこで地元の有力家具店と組み、合弁会社方式での出店拡大をもくろんだ。

相手は大阪に本社を置く地場の家具会社。折半出資の合弁会社を作り、98年に奈良県大和高田市に出店した。このことが裏目に出た。

大阪の家具会社は業界の先輩企業でもあるし、関西には詳しい。このため品ぞろえを任せたところ、やや高めの家具が中心となり、ニトリ色は3分の1ぐらいだ。こちらから役員や商品部長も派遣したが、意見は通らない。結果的に毎年1億円の赤字。苦しい船出となった。

「やはり関西は難しい。単独でなくて良かった」とも思った。

数年たっても赤字続きで、出店も進まない。このままだと苦しい。相手先に合弁解消を申し入れ、会社を解散。店舗もニトリが引き受け、商品もがらりと変えた。店名はもちろんニトリだ。

この頃には食器のセットなど日本には少なかった家庭用品を品ぞろえに加え始めていた。家具屋が食器を扱うこと自体が珍しく、顧客も「いったい何の店だろう」と首をかしげただろう。79年に「ホームファッション」と「ホームファニチュア」を足した新業態「ホームファニシング」を掲げた。それがようやく形を見せ始めていた。

米国型の商品構成が現実に

70年代に米国視察をしたとき、タンスや食器棚など家具の存在感が低下していることに気づいた。その頃、ニトリも箱物が3分の2を占めていたが、徐々にカーテン、寝装具などを増やし、ついに食器をだめ元で輸入したら大ヒットになった。間違いなく、米国で夢見た世界が日本に押し寄せてきたわけだ。

食器の場合、16点で１４９０円と破格の安さだ。新座店では入ってすぐの壁面の棚に食器をそろえた。当時は私が商品部長も兼務。米国での経験から「食器をやる」と言ったら、社内は引き気味。これまでにない商品を取り入れると、既存商品を減らすことになり、売り場効率は一時的に悪くなる。だが認知度が上がり、客数と売り上げが増えると好循環を生む。

こうした成功事例を導入し、合弁解消後、大和高田店を再オープンしたら売り上げはこれまでの倍増。一気に黒字になった。出店時は自信がなかったが、「何だ、関西でも通用するじゃないか」と強気になった。失敗したからこそ、逆にニトリの競争力が証明されたわけで、結果オーライだ。関西での失敗は教訓も残った。折半出資では経営の意思決定が曖昧になり、しくじる。合弁するなら70％以上の出資が必要だ。

輸入しても店数が少ないと、コンテナでまとめて調達できない。店舗が30店、50店と増えるとともに、低価格に拍車がかかっていった。問屋任せではできない品ぞろえ、そして安さ。2000年に50店を大きく超え、売る努力をしなくても商品力で自然と売れていく状態に変わっていった。80年代初めの不良品と苦情に見舞われ、苦労に苦労を重ねた商品輸入はようやく実を結んだ。

東証1部上場、100店を達成

　2002年に東証2部上場をすっ飛ばし、札証上場から一気に東証1部に上場した。本来は2部からだが、証券会社の担当者が「数字上は問題ありません。行けると思いますよ」というので挑戦した結果だ。大半の役員を引き連れ、東証で記念に鐘を鳴らしたが、同行した家内は「あの札幌の1号店から東京。夢みたいね」としみじみと話していた。何度もつぶれそうになった創業期を思うと、さすがに感激した。

　そして03年、宇都宮市に100号店がオープン。寝ても覚めても夢見た100店。当初の30年計画より1年遅れの実現だった。100号店はたまたまだった。

宇都宮の土地は4000坪ぐらいある。しかも周囲は規制で出店できないので、好立地だった。多くの企業から出店要請が来ており、現場は「なかなか交渉が難しい」という。そこで「せっかく来たのだから、地主さんの家へ寄ろうじゃないか。だめ元だよ」と訪問した。

たまたま地主は在宅中。ここが農業なので「私も農家の出です。田植えもやりましたし」と話すと関心を示してくれた。実際にヤミ米も手伝っていたので、稲作に詳しく、話は盛り上がる。地主は「なんで農業から、今の仕事をしているのか」と聞くので、「サラリーマンもダメで、土木もダメで、仕方なくやった家具がうまくいっただけです。それもすべて地主さんたちのおかげですから」と半生を語った。もう「私が担保です」というぐらいに説得を重ねたのだ。

ローカルチェーンからリージョナルチェーン、そしてナショナルチェーンへ脱皮した。だが渥美俊一先生は「欧米の経験則から言うと、画期的な経営への効果は200店から」と言う。私も満足はしていない。100店達成のイベントは開かず、次の目標だけを見据えた。

ホンダの杉山さんと運命の出会い

もっと会社を強くしなければならない。スカウト失敗で会社の危機にも直面したが、商品力のアップのため90年代初めは大手メーカーの技術者を探し求めていた。そんなとき運命の出会いがあった。

2002年6月、中国・広州から成田へ向かう飛行機の中で、お酒を飲みながら隣席の乗客と骨董品の話で盛り上がった。そのうち、名刺を交換すると、隣の方はホンダの中国の現地法人「東風ホンダ」社長の杉山清さんだった。杉山さんは「ニトリの社長ですか。行ったことがありますよ。イケアみたいなヨーロッパの会社ですよね」と聞いてくる。どうもカタカナなので、スウェーデンの家具チエーン「イケア」などと同じと勘違いしたようだ。

これはチャンスだ。杉山さんは中国で工場を立ち上げ、軌道に乗せた本物のエンジニア。何としてでも招きたい。「一度工場を見学させてもらえませんか」と切り出すと、快く応じてくれた。以来、年2回は広州で工場を見学し、食事などをともにした。杉山さんは定年を迎えていたが、62歳までホンダで勤務する契約になっている。その後にニトリに招きたいと考えたが、杉山さんは引く手あまただ。

そこで杉山さんの奥さんにも面会した。銀座で「カニ」など北海道料理を振る舞い、こちらの熱意を見せた。杉山さんは未知の流通業より勝手知った製造業に傾いていた。迷いに迷ったようだが、奥さんが「生活には困らないのだから、第二の人生、知らない世界へ飛び込めば」と背中を押してくれた。杉山さんは勇気を出して、ニトリ入りを決断した。04年に顧問で迎え、05年には専務になっていただいた。

まだ知名度も低かったし、周囲から「なんであんな会社へ行ったのか」とずいぶん言われたらしい。その後本人は「まさかここまで大きくなるとは」と笑っていたが。

社内公募で決めた「お、ねだん以上。ニトリ」のCM放映開始もこの頃だ。会社を一言で表現するわかりやすいキャッチコピーが必要だと感じた。コンクールを実施したところ、100ほど集まった。その中でピンときたのがこれだった。初めは「お、ねだん以上、それ以上。ニトリ」だったが、顧客の頭に入るのは15文字以内という。これではオーバーしてしまうし、「それ以上」の文言は外した。入れていたら、恐らくここまで浸透しなかっただろう。

杉山さんの手腕は本物だった。07年に中国製の土鍋から鉛が溶け出していたことが分かった。新潟県の陶器業者から仕入れた商品で、焼き方が不十分だった。米国出張中だった私はすぐに飛んで帰ってきた。人体に影響するレベルではなかったが、約9000個を回収した。杉山さんはホンダOBを新たに招き、品質解析のレベルを一気に上げた。

今では商品に工場レベルで異物が入ったのか、故意に混入したものかどうかまで分かる。お客様相談室を含めた安全・安心に関係する社員は国内だけで300人いる。過去4年、大規模リコールは発生していない。数々の失敗はニトリを大きくしたが、土鍋事件は「お、ねだん以上。」実現への教訓になった。

商品力向上に貢献してくれたホンダ出身の杉山さん（右）

本部を東京へ移転

１００店から２００店、３００店へ。今は年50店のペースで出店しており、会社は規模に応じて「器」を変える必要がある。北海道の会社だが、海外との取引が増え、店舗も全国にちらばる。登記上の本社は札幌に置き、本部を首都圏に移すことを決めた。

場所は大型物流センターのある埼玉県白岡町（現・白岡市）。「即断、即決、即行」を信条としていただけに、２０００年に開設したとき移転を見据え、「社長室」も置いた。「東京の隣だし、ちょうどいい」と北海道人ゆえの大ざっぱな地理感覚で本部を移転しようと思ったら、社員が猛反対。海外と国内各地へ向かう上で羽田空港がニトリの重要な拠点になるが、白岡だと時間がかかり過ぎる。「それなら札幌で十分」というのが理由だった。

程なく北区赤羽にワンフロア約1500坪以上確保できる土地を見つけ、06年に7階建ての店舗兼本部を開設した。だが本部移転後、ちょっとしたスキャンダルがあった。それは船をチャーターする仲介業者とニトリ社員との癒着だ。社内に通報があったが、証拠はない。ただ船の利用料金がなかなか下がらないことはおかしいと思っていた。

ニトリは社内ルールを厳しくしている。本来、怠け者でだらしない私のような性格の社員が増えると会社はダメになるからだ。縁故採用は禁止だし、接待も一切受けてはいけない。食事をごちそうになると、酒になり、そしていつのまにか相手の言いなりになる。20年以上前から公正取引宣言という文書を作り、取引先にも配っている。ちなみに社長だけは接待を受けても良い。社長は買収されないからだ。

疑惑を解明するため、仲介会社との窓口を務める社員に関係を問いただした。

するとやはり社内ルールに反する接待を受けていて、半ば脅迫されていたようだ。船のコストは当時、年間30億〜40億円に達する大きな利権だ。この仲介会社は通関業務まで請け負い、税関のOBも入れているし、ニトリの物流部門にも社員を出向させている。ニトリの役員ともつながっている。だから情報も筒抜けだ。

東京本部に移転後、社員に向かって話す筆者

200店達成時のパーティー

船の仲介業者と社員が癒着

そこで私と今のニトリ社長の白井俊之ら3人で極秘のプロジェクトチームを作った。香港など海外各地を回り、船会社を内密で調査した。情報漏れがないように社内に行き先も告げず、ホテルも個人で予約した。3カ月間で集中的に状況を洗い出し、不正発覚から6カ月後。仲介会社抜きで船会社を緊急招集し、「新たな窓口を作り、直接契約します」と宣言した。

以降、すべてコンペ方式に切り替え、年間5億~6億円の経費削減にもつながった。外部に任せすぎると癒着が生まれ、改革の妨げになる。今では通関士20人、1級建築士23人、公認会計士5人を社員として抱えている。手間のかかることは社内でやり、簡単なことは外に出す。仕事のプロを多くそろえる「多数精鋭主義」こそ、成長の源泉だ。

3年前にはタイの現地法人で会社のお金を横領する不正が発覚。メーカーからの通報で分かったのだが、調査すると社員の半数が関与しているというから仰天だ。ただ社内犯罪は複雑に絡んでおり、半分解雇して半分残すわけにもいかない。全員に退職金を支払い、会社を解散してしまった。トラブルは尽きない。

台湾へ進出

2006年に東京に本部を構えたころ、国内は盤石になっていた。この頃から海外からも出店要請が出始めていた。最初は韓国からのオファー。韓国の財閥グループから「韓国にはニトリのような業態はない。合弁会社を作り、ぜひチェーン化したい」と打診してきた。ただ韓国からの仕入れは少ない。どうせやるならパイプの太い台湾の方がいい。特に現地の輸入代理店の「総記」とは30年近い付き合い。将来を見据えて、台湾での出店を決めた。

だが渥美俊一先生からは「待った」がかかった。「海外は国内500店を達成してから。時期尚早」と断言した。正論だが、スリルとサスペンスがないと会社は衰退する。南町田店の出店時もそうだが、反対されてもやってしまえば勝ち。しかも家賃は安く、「黒字化も早いだろう」と強行した。

台湾で出店を始めたのは07年。高雄市にあるアジア最大級という触れ込みのショッピングセンター「夢時代」が1号店の出店先だ。この施設をプロデュースしたイオンの紹介。店は地下2階で、ワンフロア1500坪と日本の店と比べてもそん色ない。地下なので立地は良くないが、やってみないと分からない。ワンフロア1500坪は台湾では大きなスペースだ。

ふたを開けてみると、先生の指摘通り、散々な目に遭った。売上高は予算の半分にも満たず、2億円の大赤字。原因は数え切れない。そもそも相手の要請から半年での出店で、準備不足も甚だしい。真上の地下1階の食品スーパーとエスカレーターで結び、横にはカー用品店がオープンする予定だったが、両方とも出店できなかった。ニトリは施設内で完全に孤立していた。

しかも台湾では輸入規制もあり、いったん日本を経由しないと入れられない品種も多く、このため粗利も30％台と日本より20％も低い。それでも店数が必要と思い、台南、中壢に急いで2号店、3号店も作った。やはり1500坪と身の丈より大きいスペースを確保したが、売り上げは目標の3分の1ぐらいに止まる。苦しいので高級家具をテナントに入れるという日本ではあり得ない対策もしたが、いっこうに改善しない。カーペットもカーテンも売れない。台湾のサイズは欧米志向で、日本より大きい。知名度を上げようにもチラシの効果もないし、視聴率がとれるテレビ番組がないので、効果的CMも打てない。結局1号店はどうしようもないので、4年目で撤退した。国内では成功パターンができあがっていたが、海外での出店は昔のニトリのように行き当たりばったりだ。

出店5年で累積赤字も20億円ぐらいたまっただろうか。本当に打ちのめされ、完全撤退案も頭に浮かんだ。だが店舗網拡大に伴い、中国やベトナム、インドネシアなどからの直接輸入が可能になり、低価格化が進んだ。台湾仕様の商品も増やした。そして300坪ぐらいのホームファッション中心の店を拡大。そして12年にようやく黒字化した。今は台湾で21店を展開し、営業利益率も8%。18年には累損も一掃されるだろう。

台湾のショッピングセンターに出店

次は夢の原点である米国だ。台湾も黒字化したし、自ら2年間調査し、計画した。だが攻略は台湾以上に難しいだろう。そこで10年に、かつてニトリに在籍し、商品政策に通じた古宮小進を専務に招いた。

中国出身で日本に帰化した古宮は東京大学大学院で航空宇宙工学を学んでいたが、93年に「札幌に住みたい」という希望から応募してきた。面接で「日本で20万人に1店舗作りたい」と話すと、古宮は「中国なら5000店作れますね」という。発想の大きさが気に入り、意気投合。その日にカニ料理の店へ連れて行った。古宮によると「初対面なのに毛ガニを全部むいて、山盛りにして出してくれた。これは尋常の人ではない」と思ったらしい。その場で採用を決めた。

中国出身社員が活躍

東大の院卒でもニトリではまず現場。当時日本語が不慣れだった古宮だが、「外国人の珍しさ」を逆手に取り、熱心に接客。ファンを増やし、短期間でトップセールスマンになった。「よく1位になったな」。店に出向き、すぐに寿司をごちそうしたことを覚えている。2年後に商品部の敷物バイヤーに登用すると、めざましい働きぶりを見せる。

当時は国内問屋頼みだったが、「君は日本の常識にとらわれず、好き勝手にやっていいから、数字を上げてほしい」と話した。欧州の展示会へ買い付けに行ったが、売れ筋のベルギー製ラグは高い。古宮は展示会の片隅に出展していたレバノンの工場に関心を寄せた。安いが、風合いも品質もベルギー並みという。紛争の火種も残る現地へ行きたいと言い出した。

私は古宮に単身で海外の工場へ飛び込み、仕入れを始めた経験をよく語っていた。出張を認めると古宮は、レバノンだけでなく、シリアを経由してトルコにまで足を延ばした。危険を恐れた商社は同行を断ったらしい。今では信じられないルートだ。レバノンとトルコのラグは「安くて高品質」と評判になり、ヒット商品になった。

危険を顧みない「ニトリイズム」に満ちた古宮の武勇伝は面白い。2000年代初め、オーガニックコットンが流行したが、ニトリで扱うには高価すぎた。古宮は綿の原料仕入れに中国の新疆地区にまで足を踏み入れた。夕食は羊を焼いて食べるが、そのにおいをかぎつけ、青い目のオオカミが取り囲んだという。リスク覚悟で仕入れた新疆のオーガニックコットンの布団や敷物、タオルも飛ぶように売れた。

03年1月、中国で鳥インフルエンザが流行し、中国国内では鳥と羽根の運搬が禁止となった。日本の新入学・入社時期に羽毛布団を出荷するには何とか原料を工場に運びたいが、トラックで運ぶと没収される。蒸気で脂を落とし、高温消毒を施せば、安全面で全く問題はない。そこで古宮とバイヤーはバスをレンタル。座席に羽根を積載し、検問を通過させた。検疫でも問題なく、おかげで3月の商戦は大盛況だった。

ベトナム・ハノイに工場

90年代後半に「3年で海外輸入比率を10%から50%にする」と決めると、古宮らは中国の委託工場を育成。当時の中国は今とは違う。まともに繊維製品を作れる会社はなかった。そこで名古屋の会社からミシンを手配し、送り込んだ。ところが、使おうとしたミシンは電圧が違い、使えなかった。

電圧を変え、現地工場の社員にミシンの使用方法も指導した。生産拡大のための資金調達を支援。粗悪品のイメージの強い「メード・イン・チャイナ」だったが、カーテン、ブラインド、タオル、座椅子などニトリの商品を作る工場が数百カ所まで広がった。2000年初めに新店でバスタオルを399円で販売したら、大行列ができた。「ここまで人気なら定番商品にしよう」と決め、中国の工場に依頼した。他社は1000円ぐらいだったから、太刀打ちできなくなったように思う。現在ニトリの取り扱う商品の約90％が輸入品で、このうち60％が中国製だ。

そして87年に買収したマルミツ（現在の社名はニトリファニチャー）も着実に成長している。インドネシアが軌道に乗ってから、05年にはベトナムでの工場建設を決めた。2000年代初めは港や空港が近いホーチミンが生産地の中心で、進出するならここだった。だが工場も乱立し、ストライキも多い。人手を確保する見通しも立たず、なかなか新工場を作る余地は少ない。

そこでベトナムの北部に位置するハノイに目をつけた。当時は発電能力に問題もあり、停電も多かった。このため日系企業の工場は少ないが、メリットも多かった。ホーチミンより涼しいし、人も採用しやすく、賃金も安い。当初、箱物や椅子・テーブルといった脚物を作っていたが、あれから10年。今はベッド、ソファと広がる。やはりインドネシアでの苦労が役に立った。

現在のニトリファニチャーの生産量の内訳を見ると、インドネシア30％、ハノイが70％と逆転している。インドネシアは男性が70％だったが、ハノイは95％が女性という構成だ。なぜか。女性を活用するには安全面、衛生面を徹底する必要があり、この結果、工場の生産性も高まる。労務管理もきめ細かくした。帽子の色や背番号で従業員の職歴、役職がはっきり分かるような管理にした。インドネシアの手法をがらりと変えたのだ。当初は非人間的とも言われたが、きっちり運営でき、業績も良くなる。

ベトナム工場を視察中の筆者

先生は草葉の陰で泣いている

古宮を投入した米国だが、やはり大赤字。米国人の消費スタイルは成熟し、日本よりはるかに進んだコーディネートも欠かせない。商品も店舗数が少なく、現地仕入れだ。時期尚早と言われればそのとおり。本当は店名を「ニトリ」にしたかったのだが、スペルが米国にある寝具会社の「ナトリ」に近いという。2回申請したが、却下された。仕方なく仮の（自分の名前を使った）「アキホーム」でスタートすることにした。タイミングを見てかつての日本のようにまた変えようと思う。

将来を見据えての投資なので仕方ないが、14年に出店した中国とともに「双子の赤字」と呼んでいる。10年に亡くなられた渥美先生は草葉の陰で泣いているだろう。

米国には5店がある。日本のやり方では遅れているので土台無理。原点に戻り、米国で学んできた手法でやり直そうと思う。レイアウト、品ぞろえも変える。家具もすべてやめて、700坪まではホームファッションだけの店にして、作り直す考えだ。まずは100店、300店、そして将来的に1000店は作りたい。そのモデルを今後3年で作り上げるしかない。

中国も14年に出店した。実は、あるところで飲みながら新聞記者の前で口を滑らせて「14年中に出店したい」と言ってしまい、マスコミに出てしまった。願望が正式な経営目標になってしまった。社内では誰も知らない。「言った以上はやるしかないな」と決め、中国・武漢への出店を決めた。

地元のデベロッパーとニトリの開発部隊が探してきたのだが、自分は武漢には行ったこともない。人口も1200万人いると聞いて驚いたぐらい。行き当たりばったりだけど、それも縁だと思う。

そして今年（15年）は上海に進出した。これもやってみないと分からない。中国の売上高は目標の7割で、最近は調子が良くなってきた。順調すぎると社員も安心してしまう。本体が傾くような赤字でなければいい。そこで学んで、軌道に乗せる過程を共有すれば、次のビジョン達成への足がかりになる。組織を緊張させ、その始末をつける。社員には「試練」というプレゼントだ。

現時点ではアメリカに5店舗、中国に4店舗。中国は今年、あと3店舗をオープンする予定。しばらくは、両地域ともに様子を見ながら数店舗ずつ増やしていくつもりだ。合計で20店を超えるとアジアから独自商品を輸入でき、経営も安定する。早ければ17年には赤字を解消できるかもしれない。

米国はまだ赤字だ

評価は死後に定まる

東南アジアの自社工場の熟練度も上がり、ニトリはユニクロのような価格と品質をコントロールできるＳＰＡ（製造小売り）企業に転身できた。海外へ雄飛する基盤作りもできた。父の教え通り、優秀な人材が集まり、会社を支えてくれたからだ。

後継者づくりはずいぶん前から考えていた。自分が失敗したり、自分の身に何かが起きたりしたら、いつでも辞めようとは思っている。今の後継者は白井社長だが、決める前までは家内だけに「俺が死んだら誰々」と意思を伝えていた。

渥美先生の教えでは「トップは人生経験が必要だから50代以上。そして候補を

3人持て」と言われた。

だが人選は常に変わってくる。最初は見所があると思っても続かないものだ。日の出の勢いがある人物もあるときから守りに入ってしまうなど、リスクをとり続ける人は少ない。そんな調子で家内にはしょっちゅう「俺が死んだらあいつが社長とか言ったけど、考え方変わった」と話すと「あなたはころころ変わるね」と笑っていた。

創業家経営は一代限り。長男には継がせないことを伝えているし、大株主として「ニトリが会社の立場だけで行動しないようにチェックしてほしい」と頼んでいる。利益優先になると、そこにとらわれて、顧客側に立つことを忘れてしまう。とにかくニトリは「日本の暮らしを豊かにするための会社」であるという理念は守らないと、創業した意味がない。

ちなみに長男が大株主といっても、私や家内が保有している分は家族でも売買できないようにした。株式が離散すると経営の安定を脅かす。「子孫に美田は『余り』残さず」だ。まだまだ元気だが、自分の身に何が起きても大丈夫なように対策はすべて講じてある。

米ウォルマート・ストアーズは創業者の死後もさらに成長している。世界中どこでも同じスローガンだ。創業者の志を後継者につなげ、そのまま社風になったのだろう。これには時間がかかる。経営者の評価はその死から50～100年後に決まるものだと思う。

やはりビジネスは利益を優先するのではなく、社会のためという目的があってこそ、強い動機が生まれ、成功する。もうけばかりではダメ。60歳になったとき、「直接的な社会貢献をしよう」と決めた。

その一つが似鳥国際奨学財団だ。私が保有していた400万株（360億円相当）を使い、05年に設立した。ニトリ発展を支えてくれたアジアへの恩返しだ。毎年、日本に来ているアジアの留学生100人を対象に2年間無償で奨学金を支給しているが、15年からは中国・台湾・米国の現地で学ぶ学生への奨学支援も始めた。ニトリで毎年実施している米国視察にも参加できるのが特徴だ。

財団の支援を受けた学生がニトリに入るわけではなく、商社や金融機関なども

植樹イベントで
(左から岡田卓也イオン名誉会長、筆者、右端が高橋はるみ北海道知事)

多い。いずれなんらかの形でチェーンストア経営に携わってくれたら嬉しいが、優秀な彼らが、自国の豊かなくらしのために貢献できたら良いと思っている。このほか、イオンの創業者の岡田卓也さんに刺激を受けて始めた植樹、早稲田大学での寄付講座など社会貢献活動は幅広くやらせてもらっている。ちなみに15年には東京大学でも講座を開く。勉強が大の苦手だった私が東大で話すというのも何かおかしい気もするが。

大企業病に陥らないために

50〜100年後でもニトリが成長するためには、会社に理念に沿った経営が続いていく組織を作る必要がある。最優先なのが人への投資だ。とりわけ米国研修は81年以来、続いている。15年も6月に800人以上が参加した。費用は1人35万円になる。もちろん、私も一緒に行った。私は27歳の時に米国視察で大いに刺激を受け、「日本を豊かにする」という大志を掲げた経営に踏み出すきっかけになった。「鉄は熱いうちに打て」ではないが、若い社員にも是非、大きな志と目標をもってほしい。

13年から2年目の社員を対象とした。1年目だと学生気分が抜けていないし、

5年も過ぎると熱い心も冷えてしまう。仕事に慣れてきた2年目に米国研修を実施すれば、仕事のモチベーションは高まる。実際に離職率は低下した。もちろん20代では完全に働く意味は分からないと思う。30〜40代になって初めて目覚めてくる。

このため米国視察を含め、教育投資だけは惜しまない。1人当たりの年間教育投資額は約25万円で、上場企業の平均額より5倍は多いと思う。設備投資よりこちらの方が大事だ。経営環境が厳しいとき、教育費を削る企業は長期的に停滞する。だからニトリの生命線である教育費と商品開発費は削らない。とにかく目先の利益だけを考えていては成長しない。長期的視点に立たないと会社は大きくならない。

米国店のオープンイベント

短所を直さず、長所を伸ばせ

ニトリが10店ぐらいの時代は私のエネルギーが社員全員に伝わるが、数百店になると難しい。トップの指示が正確に伝わり、数字と技術に強い社員が育つ仕組みに会社を変える必要がある。人材育成も場当たりではダメで、長期的なビジョンが欠かせない。

社員はそれぞれが20年間のキャリアプログラムを作成。「マネジメント」か「タレント」のコースを決め、40代までに「スペシャリスト」を育てる。ロマンとビジョン実現には日本でトップクラスの技術が必要だ。40歳までに技術を段階的に身につけ、スペシャリストの資格を取得できるようにしている。そうなると報酬もアップする。人気があるのは商品部。やはりニトリの心臓部だからだ。

もっとも社員は「自分の適性が何なのか」見極めにくい。ニトリでは社員の適性検査を実施している。500以上の質問から「商品開発」「営業（店舗運営・法人事業）」「人事系」「経理系」等、本人に適した業務などが特定されるわけだ。性格上の長所や短所も出てくる。

それだけでなく、私は社員数人をランチやディナーに誘い、直接カウンセリングをするようにしている。日々働いていると、社員は「自分が何に向いているのか」「何がやりたいのか」など会社人生の先行きが見定めにくくなるからだ。社員には「カウンセリングが嫌なら、食事だけでもいいよ」と話すが、たいていは乗ってくる。

適性検査のファイルを参考資料として社員と話をするのだが、本人の希望とは食い違う結果が出てくることがある。社員にその感想を聞くと「自分では分からなかったけど、当たっている」という声が多い。社員の大半は短所を気にするし、その点を責める上司が多いように感じる。

だが私は逆で「短所あるを喜び、長所なきを悲しめ」が基本的なスタンスなので、短所を直さないで、長所を伸ばせば良い。

上司がするべきことは部下の欠点を見つけることではない。長所を見つけて、伸ばしてあげ、それに適した仕事を探すことだ。部下である社員も「やりたいことは違う」と思っても、まずは任された仕事をこなせばいい。少なくとも仕事上の向き不向きの一端が見きわめられ、次につながると思う。私は机の上の整理整頓等が不得手だが、組織の方向づけや、20~30年先を見据える「戦略」には、自信がある。5~10年の「経営戦略」や、1年以内の「戦術」は幹部に任せている。

ニトリが成長するなか、年々業績も上がり、待遇も上がっている。14年からベアも賞与も上げ、流通業界では高水準の待遇だと思う。かつては残業も多く厳しい職場だったが、今は平均で1カ月当たり7時間ぐらいに減った。また休みも多いし、夏は11連休、冬は8連休もとれる。

ただそれに慣れてしまうと、闘う集団ではなくなってしまう。良好な職場環境とハングリー精神をどう両立するのか、近年の課題だ。

大事なのはやはり教育。残業を大幅に減らすのも社員に自己育成の時間を与えて、ストアコンパリゾン（自店と競合店との比較調査）や語学などの勉強をしてもらいたいためでもある。「自由にさせたら勉強しない」という声もあったが、自己育成をしない人間はおいてきぼりをくってしまう。

独特の評価方法と「配転教育」

長期プログラムに加えて、独特なのが社員の評価制度だ。かつては5段階評価にしていたが、それだと75％程度の人は3になる。するとそれで満足してしまう。しかも4に近い3だと勘違いして。本当は2に近い3だが。それでは社員の総合力は上がらない。

そこで評価制度を見直したが、4段階評価だと2以下の人がやる気をなくし、全体の士気にかかわる。そこで6段階にしたのだ。その結果、4よりも3の評価の社員が増えることになった。

するとみんなびっくりして、「4と思ったら、3だと。会社の評価がおかしい」

と文句をつける社員もいた。社員は評価に敏感になる。みんな中の上が好きなんだ。もっとも若い社員はモチベーションが見つけられないことが多く、ふらふらしている。そんな段階で差をつけすぎると、辞めてしまう人もいる。このため入社してから5年間は5段階評価で、6段階評価は30代からを対象としている。

それから現場への配置転換である「配転教育」はまさにニトリの真骨頂だ。ニトリには本部に5年いたら役員でも一度は現場担当をさせるという決まりがある。5年たつと世の中はがらりと変わる。やはり小売業はお客様の声をじかに聞いていないと、感覚がずれていく。これを防ぐと同時に、自分の部門だけの利益にとらわれる「セクト主義」にも陥らない。最近は本部の事情で8年になったり、10年になったり本部在籍期間が延びている社員もいるが、大企業病を克服するためには、配転を早めていかないとだめだ。

現場の仕事を一通り覚えたら、2、3年でどんどん異動させていく。しかも「店舗から物流」など、仕事が全く違う部門への異動が基本だ。よその視点から仕事を批評し、刺激を与えられる。普通の会社は同じ部署に長くいる方が心地よく、配置転換を伝えられると「お払い箱」と受け止めるかもしれない。少なくともニトリでは逆で平均より長くいると「早く異動させてもらえないか」と不安がる。

スペシャリストを育成する一方で、配転をするのは矛盾しているように見えるだろう。だが、専門バカではなく、幅広い分野を経験したスペシャリストの方が力を発揮する。経営とは矛盾の追求で、それが競争力を高めると思う。

社をあげて飲みニケーション

コミュニケーションの話に戻るが、組織の風通しを良くするため、年に数回、会社主催の飲み会を開くことにした。4000人の社員がいて、会社が1人5000円負担するので1回当たり2000万円に達する。私や白井社長も参加し、ざっくばらんに談笑する。ある店のオープン時に懇親会を開き、社員が一人ひとりスピーチをしたら、2時間の予定が4時間になってしまった。だが本部と店舗の関係を良好に保つ上で欠かせない。これを数回開くと結構な費用になるが、教育投資と同じだ。

今年も6月～9月までは毎月本部の屋上でジンギスカンパーティーを開くこと

にしている。肉は「本場」北海道から取り寄せ、食べ放題、飲み放題。みんな楽しみにしているようだ。若手から社長まで参加し、中には家族を連れてくる社員もいる。一体感は強まる。

社内コミュニケーションもそうだが、近年気になっていたのは大企業病だ。やはり本部に閉じこもっていると、どうしても自分の立場からしか仕事をしなくなるし、現場のことが意識から遠くなる。社員も本部志向が強まってしまう。官僚的になってしまうことに危機感はあったが、私自身が妥協していた。

そこで本部社員には週5日のうち、土日は店舗で働いてもらうことにした。ニトリでは6年たてば、本部から再び現場で働く「配転」をしている。どうもこれだけでは足りない。そこでこの仕組みを導入しようと決めた。

もちろん本部の社員が暇なわけではない。本部での仕事時間が減るので、批判も強まるだろう。それでも会社の敵は惰性であり、思考停止だ。まず店舗勤務を増やし、課題はそれから考えれば良い。あくまで顧客の立場を最優先して考え、行動することが目的なのだから。

社外役員が厳しく指導

５年前に下請法違反で摘発を受けた。そこで、やはり外部から見て批判的な意見を言う人が必要だと思い、公正取引委員会委員長を務めていた竹島一彦さんを社外取締役として招いた。実際に指導は厳しく、毎月の取締役会と平日の会議には必ず出席し、目を光らせている。14年の消費増税後も「絶対に下請法に違反する商談をしてはいけない」ということで、すべて内容は録音し、記録を残すようにした。

竹島さん以外にも元警察庁長官の安藤隆春さんを招いている。北海道の経営者と官界との勉強会を開催していたのがきっかけだが、話も合うし、相性も良かった。それは飾らないで言いたいことをしっかり言ってくれるということだ。本当に社外役員は厳しく、おかげで取締役会は引き締まった。工場進出でも「将来、必要なのか。採算が合うのか。根拠を示せ」など原理原則から追及される。

ビジネスに明るいわけではないが、目的と数字を厳格に見ている。イオンの元専務で顧問をしてもらっていた故阪本美樹さんもそうだった。社長は創業者である私なので、取締役会もしゃんしゃんで終わってしまう。私の思うとおりになってしまうのではダメだ。「なぜ、なぜ、なぜ」と納得するまでたたみかけてくる。これは社員ではできない。竹島さんは物流センター、店だけでなく、ベトナム工場も回り、米国セミナーにも参加してもらっている。

遺産巡って肉親と裁判

２００９年に２００店を達成し、渥美俊一先生や取引先などお世話になった方々を集めて、都内のホテルで記念パーティーを開催した。２００店以上でお値打ち商品を提供できるというのが先生の持論。私も達成感を覚えた。先生は「まだまだ半人前です。余り褒めないでください。１人前は５００店です。叱咤《しった》激励してあげてください」と愛情あふれる挨拶をしてくれた。夫婦で泣いてしまった。

目標達成は社員など周囲の助けのおかげで、運が8割だ。一方、この頃、個人的にはつらいことがあった。母親、兄弟から遺産相続の件で訴えられていたのだ。

１９８９年に父・義雄が亡くなり、遺産分割協議書を作成。今では数百億円の価値がある父の残した株式を、長男にして創業者の私が引き継ぐことになった。だが母らは「協議はしていない。書類の印鑑も勝手に昭雄が押した」と07年に札幌で裁判を起こした。

裁判は本当に憂鬱だった。出社しようとして車に乗る瞬間、「バチバチ」と音がする。写真週刊誌『フライデー』の突撃取材だ。何のことだか分からず、腰を抜かしそうになった。『フライデー』では2週にわたり6ページの特集が組まれた。載った写真もいかにも悪人面だ。裁判の打ち合わせはきつかった。弁護士から質問されると、思い出すのも大変。ストレスで血圧が250まで上がってしまった。途中で中断し、医者を呼び、降圧剤の注射を打つ始末。あの頃は生まれ育った札幌へ行くのがおっくうだった。生涯であれほどつらい記憶はない。

創業期は上の妹が高校卒業後、結婚するまで働いていた。母も1号店で店番など手伝ってくれた。家族の協力があったのは間違いない。急成長した80年代から90年代、みんなでアジアの工場にも行った。札幌証券取引所に上場したときは、みんな感謝していたのに。裁判中は何をしても面白くない。考える暇がないように仕事に没頭した。地獄だった。こんなことなら、お互いにゼロになる起業前の頃に戻りたかった。

法廷で90歳を超えた母は「昭雄、私の顔と目を見られないのか」と激高する。休憩時間に弟や妹と出くわすと、乱闘騒ぎになった。こちらの信義に関わることなので、相手の要求を呑むわけにもいかない。

実は私と兄弟が以前話していた会話が録音されており、証拠として提出されていた。相手側が出した証拠だが、こちらに有利な材料にもなった。札幌地裁の第一審は私が勝訴し、二審では母らは要求をすべて放棄するという形で12年に和解となった。和解以降も、私は実家には入れてもらえないし、父の位牌《いはい》に手をあわすこともできない。似鳥家は分裂してしまった。

実は89年に渥美先生に株式の扱いについて相談すると「必ずもめるから、株式公開前に新しい会社を作れ」と指導してくれた。実際、先生の門下生はそういう形にしている。だが苦労した親兄弟と利益を分かちたいという思いから先生の教えを守らなかった。一生の不覚だ。

渥美先生なしでは私の成功はなかった。15年2月期の連結売上高は4172億円、経常利益は680億円で時価総額も1兆円を超えた。日本経済に貢献した渥美先生はもっと評価されていいと考えている。そこで4月に東京・代官山にある渥美先生の欧風の自宅を購入し、「渥美俊一記念館」を開くことにした。

しょっちゅう呼ばれて、今の役員を引き連れて色々な打ち合わせをした。15年初め、久しぶりに見に行ったら、とても懐かしかった。先生の仕事をしていた部屋がそのまま残っている。本や資料、お好きだった絵画など先生の足跡を残し、チェーンストア経営を志す者、関心がある人が利用できるようにしたい。

今後も先生の衣鉢を継ぎ、日本を豊かにすることが人生の目標であることは変わらない。それはニトリをさらに大きくし、「お、ねだん以上。」の商品を提供することに尽きる。「1・3の法則」という言葉がある。1店、3店、10店、30店、100店、300店、1000店と規模によってチェーンストアにとって必要な人材の質も変わってくる。「3倍になったときに壁を破れるかどうか」が目安になると、先生も口にしていた。

この3倍の法則を自分なりに分析してみた。住宅価格がそうだ。価格が2倍になると危険になり、3倍になると破裂する。日本のバブルもそうだった記憶がある。

実際にこの法則を試したことがある。2000年代、米国へ視察に行くたびに住宅価格が上昇している。2倍、3倍近くと膨れあがっていく。「これは危ない」と思い、08年初めにニトリ財団が保有していた外国債券などを売却することにした。

ところがなかなかはじけない。「おかしいな。見誤ったか」と考えていると、同年秋、リーマン・ショックで株式や債券、土地など世界的に資産価格が暴落した。おかげで4割もうかった。そして大不況に備えた。大がかりな値下げキャンペーンも09年から8回連続で実施した。苦しいときこそシェア拡大のチャンスで客数増加が狙いだった。この頃は円高だったし、還元することもできた。

すなわち3倍になると経営のやり方を換えないといけない。次は22年に3倍の1000店、1兆円が目標。この準備をしないといけない段階だ。以前も書いたように成長スピードに合わせて「乗り物」を変えていくという発想だ。

創業期は家具中心だったが、年々比率が低下し、今は40％程度。そこで、カーテンや寝装具などホームファッションという新市場に乗り換えた。今度はインターネット、リフォーム、法人事業、ロジスティック、小商圏向けのデコホームと新たなフォーマットを作っていった。そして海外だ。台湾、米国、中国が1000店達成への乗り物。工場も同じ。箱物からソファ、ベッドと主要な生産品目ががらりと変わる。

当面の目標は米ウォルマート・ストアーズのように人口10万人以下の小さい都市でもニトリが行き渡るように、国内で500店を出すことだ。先生が常々言っておられたのは、とにかく客数は前年実績を超えること。それが社会貢献のバロメーターだという。そして32年までの第2期30年計画は世界で3000店・3兆円だ。

渥美俊一記念館の前で

人生は冒険だ

国内の事業はニトリ社長の白井俊之に任せている。毒蛇や野生動物が生息するような未開の地を切り開き、新たな道を示していくのが私の仕事だ。２０３２年の家具とホームファッションの世界市場は中国、欧州、米国がそれぞれ32兆円という試算がある。

それまでに米国、中国にそれぞれ１０００店を持ち、中南米やアフリカにも製造拠点を作るなど、前例のないことをやってみたい。衛星で世界中の車がどう動いているかなどをチェックし、製造・物流から販売までグローバルに展開するモデルだ。「企業に必要なのは３Ｃ（チェンジ、チャレンジ、コンペティション）だ」

というのも先生の遺訓だ。

人生は冒険であり、アドベンチャーだ。これからも仕事がすべての私だが、家内からは「判断がおかしくなったら、引導を渡すわよ」と言われている。手足を縛って、強制的に退場させてもらうしかない。

ロマンとビジョン。そして同時に大切なのは男も女も「愛嬌《あいきょう》と度胸」だと思う。本人の性格にも由来するが、相手を楽しませるサービス精神は忘れてはいけない。困難な状況の時ほどリーダーにはユーモアが必要だ。とにかく自分で楽しみ、周りを盛り上げるのは子供の頃からの姿勢だ。13年に45周年３００店記念のパーティーを開き、そのプログラムの一つとして演歌歌手の細川たかしさんのショーを用意した。

三味線の演奏とともに司会者が「歌は『望郷じょんがら』。」と紹介すると、着物を着た私が登場、まんまと2番まで歌った。程なく「望郷じょんがら」を歌う細川たかしさん本人が出てきて「何で私の歌を歌っているんですか」と突っ込む。1人目が本物だと勘違いしていた会場の人々は大受け。そして私が「一度やって

関連年表

西暦	著者の年齢	出来事
1944年	0歳	樺太に生まれる
1947年	3歳	帰国し、札幌の引き揚げ者住宅に住む。
1956年	12歳	中学へ進学
1962年	18歳	札幌短期大学入学
1964年	20歳	札幌短期大学卒業。北海学園大学経済学部入学
1966年	22歳	北海学園大学卒業。似鳥コンクリート工業入社
1967年	23歳	12月に1号店を開業
1968年	24歳	妻百百代と結婚
1972年	28歳	資本金300万円で株式会社「似鳥家具卸センター」設立。米国を視察するセミナーに参加
1975年	31歳	日本初のエアドーム店を札幌市白石区に開業。ゴリラのCM放映
1976年	32歳	大卒1期生が入社
1978年	34歳	ペガサスクラブに加入。社名を「ニトリ家具」に変更
1979年	35歳	事業会社ニトリ社長の白井俊之氏らが入社

1980年	36歳	札幌市手稲区に自動立体倉庫を設置
1981年	37歳	札幌市以外に初出店。苫小牧店を開業
1983年	39歳	年間売上高50億円を突破。成長に弾みをつけた函館店が開業
1986年	42歳	海外商品の直輸入を本格化。社名を「ニトリ」に変更
1987年	43歳	年間売上高100億円を突破
1988年	44歳	帯広店を開業
1989年	45歳	シンガポールに現地法人を設立。札幌証券取引所に株式上場
1993年	49歳	本州1号店「勝田店」を茨城県ひたちなか市に開業。ニトリ労働組合が結成
1994年	50歳	仙台市に出店。チラシ制作にデジタル・デザインシステムを導入
1997年	53歳	インドネシア工場が本稼働。メーンバンクの北海道拓殖銀行と主幹事の山一証券が破綻
1998年	54歳	南町田店を開業。売り上げ好調で全国展開の起爆剤に。奈良県大和高田市に関西1号店を開業
2000年	56歳	埼玉県白岡市に関東物流センターを稼働
2002年	58歳	東京証券取引所一部上場
2003年	59歳	100店・1000億円を突破
2004年	60歳	ベトナム工場設立。「お、ねだん以上。ニトリ」のCM開始
2005年	61歳	似鳥国際奨学財団を設立
2006年	62歳	東京・赤羽に本部兼店舗を開設
2007年	63歳	海外1号店を台湾に出店。Jリーグ「コンサドーレ札幌」の

		メーンスポンサーに。土鍋をリコール
2009年	65歳	200店を達成
2010年	66歳	持ち株会社体制へ移行。「ニトリレディスゴルフトーナメント」を開催。 年間売上高3000億円を突破
2013年	69歳	300店を達成。初の米国出店
2014年	70歳	中国に初出店

プロの150訓　および　プロフェッショナル心得帳（抜粋50項目）

〈プロとは〉

❶プロを動かすのは、理論ではなく、思想であり、見果てぬロマンとビジョンである。

❷プロとは、障害を認めない人である。したがって、どのような障害があっても、求める必要な結果を、必ず、達成する。

❸プロとは、常に現状における、自己否定を繰り返し、自己革新を続ける人である。したがって、３ヶ月経って、何の変化も無ければ、すでにプロではない。

〈アマとプロのちがい〉

❹アマは、これがあるからできないと思う。プロは、これさえ解決すれば、できると考える。

❺アマは、見逃すことが多いが、
プロは、何をやっても、みな、仕事と結びつけて考える。
❻アマは、変化がきた時、ダメだと思う。
プロは、変化がきた時、チャンスだと捉える。

〈プロの信条〉
❼プロは、攻めに徹する。攻撃は、最大の防御であることを知っているからだ。
❽プロとは、謝意（感謝—ありがとう、謝罪—すみません）を、素直に言える人。

〈プロの心掛け〉
❾仕事に必要なのは、する力ではなく、それをやりとげようとする、執念である。
❿プロは、もって廻った言い方はしない。
結論から、ずばり、言いにくいことでも、はっきり言う。
⓫アマは、マイナスが来るとそれに輪を掛けて、更にマイナスにしてしまう。
マイナスをプラスに変えることのできる人を、プロと言う。

〈プロとしての商人〉

⑫商売の上で迷ったら、お客様という原点に戻って考えれば、すぐ解決する。

⑬目先の利益を追う、小手先のあの手この手では、お客様の支持は、得られない。お客様の利益を考えること。

〈プロの覚悟〉

⑭変化をおそれず、チャレンジするのがプロである。変化を誰よりも早く、先取りするのが、プロ中のプロである。

⑮プロは、よろず簡単明瞭が好き。アマは、いろいろ余分な手を加え、複雑怪奇にすることが好きだ。

〈プロのする仕事〉

⑯与えられた条件で、必要な数字を確実に出すのを、プロという。

⑰後始末をする必要のない仕事をする人を、プロという。

〈プロの人生〉

⑱プロの共通条件は、旺盛なる向上心と、あきれるほどの好奇心。そして、どんなことにも拒否反応を起こさない柔軟心である。

⑲プロは、どんな難しい仕事でも、辛いと思ってやってはいない。難しければ難しいほど、楽しんでいる面がある。

⑳逆境は、最高の教育の場。困難を自ら作り出し、それに挑戦する気力のないものには、チャンスもない。

〈プロの側面〉

㉑プロは、普通の人から見れば、何でもないことに「おどろき」「うたがう」幼児のような素直さ、柔軟性を持っている。

㉒毎朝、新聞をよく読め。そこには、プロとして必要な99%の知識と話題が、そして、考えるヒントがいっぱいある。

〈プロのプロ〉

㉓20歳代で、1年でマスターできることは、30歳代では、4年～5年かかる。40歳代になると、10年～15年かかる。50歳代では、何年やっても、マスターできないことが多い。プロは、若いうちに、どれだけ、全力投球したかで、あとの腕前が決まる。

㉔どんな結果にも、必ずその原因がある。特に、失敗したとき、プロは、徹底的にその原因を追求し、アマは、がっくりして、何もしない。

㉕男子の本懐は、今の仕事が、楽しくてたまらないことである。

〈ビジネスマンとして〉

㉖目標を設定せよ。年間の大目標、3ヶ月の中目標、週間の小目標、そして今日の目標をはっきり決めて、それに向かってばく進せよ。

〈仕事〉

㉗どんなつまらないと思われる仕事でも、全力で正面から取り組め。会社の仕事は、すべて一見つまらないと思われるような仕事の上に成り立っている。その基本的な、一見つまらない（本当はとても重要なものだが）仕事すら満足にできないものには、それ以上の仕事をさせるわけにはいかないのだ。

㉘「どうしたらよいのですか」と聞くのは新人社員の間だけ。「こうしたいのですが」と言えるようになって当たり前。

〈リーダーシップ〉

㉙リーダーは目標を明示せよ。くりかえし、くりかえし明示せよ。全員が同じ方向に進むとき、最高のチームワークとなる。

㉚部下に無能者はいない。部下を使いこなせない、無能なリーダーがいるだけだ。

㉛発言する前に、まず、現場で事実を調べよ。本当はどうなっているかも知らずに、意見を述べたり、命令すれば、部下はついて来ない。

㉜部下の短所を直しても良くならない。伸ばすべき長所を見いだし、思い切り伸ばす激励とチャンスを与えれば、誰でも成長する。

㉝疲れていても、張り切っているかのごとく振舞え。悲しいときでも、悲しくないかのごとく振舞え。

㉞何も決定しないことは、困難から脱出する最良の対応である。かのごとく振舞うことは、誤った決定よりもなお悪い。

〈日常の心構え〉

㉟どんなに苦しくても、明日に希望があれば耐えられる。反対に、現在どんなに恵まれていても、明日に希望がなければ、勇気はわいてこない。

㊱人間は願った以上のことは、実現しない。人生は思ったとおりになる。ならないのは、思い方が、まだ足りないからだ。

〈生活態度〉

㊲スケジュールを決めてから行動せよ。そして、たえずスケジュールを修正せよ。

〈自己啓発〉

㊳書くのは苦手、話し下手、数字は大嫌い、おまけにグズでは、馬鹿と思われても仕方がない。

〈創造性開発〉

㊴ビジョンは、現状を否定するための評価尺度である。

㊵最も難しい決定は「捨て去る」ことである。断固として捨て去ることこそ、革新の第一歩であり、捨てないところに革新はありえない。

〈数字に強くなる〉

㊶数字嫌いは脳の退化を促進する。窓際族になりたかったら、数字から逃げまくることだ。

㊷コントロールの第一歩は、まず現物を現場でひとつひとつ数え、確認することから始まる。

㊸コストを意識しないことを趣味という。見栄っ張りは最大のムダなコストの原因。

〈話し方、聞き方〉

㊹話し上手になりたければ、まず聴き上手になること。よく聞くことは説得の第一歩。

〈人間関係（上役と下役）〉

㊺能力のある人は、他人の能力について非難しない。能力のない人に限って、上役、部下に対する不平不満が多い。

㊻下役から見たとき、上役は常につまらない存在に見えるものである。とくに直属の上司のアラは目につきやすい。

〈わが人生と生涯設計〉

㊼小成に安んじて、早く家を建てるな。
係長時代に建てた家に社長は住めない。
無理をすれば、借金返済で、やりたいことがやれなくなる。
一生涯の目標が、自前の「うさぎ小屋」を建てることにあるとは情けないではないか。

㊽欠点あるを喜び、長所なきを悲しめ。
欠点を直しても伸びない、長所を伸ばしてこそよくなる。

㊾20代は実力養成時代。成果はまだ何もない。
30代は全力投球時代。成果は蓄積されるが、まだ見えない。
40代は格差拡大時代。成果がようやく現れはじめる。
50代は努力結実時代。成果がはっきり認められるようになる。

〈セルフコントロール〉

㊿「攻め」の人間は、齢はとらぬ。「守り」の人間は、どんどん老いていく。

初出　日本経済新聞朝刊（2015年4月1日〜30日）
※単行本化にあたり大幅に加筆修正しました。

著者紹介
似鳥昭雄（にとり・あきお）
ニトリホールディングス社長。1944年、樺太生まれ。64年、札幌短期大学卒業、北海学園大学編入。66年、北海学園大学経済学部卒。67年、似鳥家具店を札幌で創業。72年、米国視察ツアーに参加。同年、似鳥家具卸センター株式会社を設立。78年、社名を株式会社ニトリ家具に変更。86年、社名を株式会社ニトリに変更。2010年、持ち株会社へ移行。年間売上高3000億円を突破。2013年、300店を達成。15年2月期で、28期連続の増収増益を達成。

運は創るもの

2015年8月25日　1版1刷
2015年9月14日　　2刷
著　者　似鳥　昭雄

発行者　斎藤　修一
発行所　日本経済新聞出版社
http://www.nikkeibook.com/
〒100-8066 千代田区大手町1-3-7
電話 03-3270-0251（代）

印刷・製本　凸版印刷
装丁　谷口博俊（next door design）
カバー写真　有光浩治

ISBN978-4-532-32021-8
